Scoprire i Giochi Gratuiti Online

Disponibile Qui:

BestActivityBooks.com/FREEGAMES

5 CONSIGLI PER INIZIARE

1) COME RISOLVERE LE PAROLE INTRECCIATTE

I puzzle hanno un formato classico:

- Le parole sono nascoste senza spazi o trattini,...
- Orientamento: Le parole possono essere scritte in avanti, indietro, verso l'alto, verso il basso o in diagonale (possono essere invertite).
- Le parole possono sovrapporsi o intersecarsi.

2) APPRENDIMENTO ATTIVO

Accanto ad ogni parola c'è uno spazio per scrivere la traduzione. Per incoraggiare l'apprendimento attivo, un **DIZIONARIO** alla fine di questa edizione vi permetterà di controllare e ampliare le vostre conoscenze. Cerca e scrivi le traduzioni, trovale nel puzzle e aggiungile al tuo vocabolario!

3) SEGNARE LE PAROLE

Puoi inventare il tuo sistema di segni. Forse ne usi già uno? Per esempio, puoi segnare le parole difficili da trovare con una croce, le parole preferite con una stella, le parole nuove con un triangolo, le parole rare con un diamante, e così via.

4) STRUTTURARE L'APPRENDIMENTO

Questa edizione offre un **TACCUINO** alla fine del libro. In vacanza, in viaggio o a casa, puoi organizzare facilmente le tue nuove conoscenze senza bisogno di un secondo quaderno!

5) AVETE FINITO TUTTE LE GRIGLIE?

Nelle ultime pagine di questo libro, nella sezione della **SFIDA FINALE**, troverete un gioco gratuito!

Facile e veloce! Dai un'occhiata alla nostra collezione di libri di attività per il tuo prossimo momento di divertimento e **apprendimento,** a portata di clic!

Trova la tua prossima sfida su:

BestActivityBooks.com/MioProssimoLibro

Ai vostri posti, pronti...Via!

Sapevi che ci sono circa 7.000 lingue diverse nel mondo? Le parole sono preziose.

Amiamo le lingue e abbiamo lavorato duramente per creare libri di altissima qualità. I nostri ingredienti?

Una selezione di argomenti adatti all'apprendimento, tre buone porzioni di intrattenimento, una cucchiaiata di parole difficili e una spolverata di parole rare. Li serviamo con amore e entusiasmo in modo che tu possa risolvere i migliori giochi di parole e divertirti imparando!

La vostra opinione è essenziale. Puoi partecipare attivamente al successo di questo libro lasciandoci un commento. Ci piacerebbe sapere cosa ti è piaciuto di più di questa edizione.

Ecco un link veloce alla pagina dell'ordine:

BestBooksActivity.com/Recensione50

Grazie per il vostro aiuto e buon divertimento!

Tutta la squadra

1 - Scacchi

ל	כ	ס	ש	צ	ג	נ	ש	פ	מ	ה	ס	ט	ו	ך	מ
ב	כ	ף	ה	צ	מ	ד	ח	צ	א	ל	מ	ח	נ	ל	ש
ו	ד	ד	ר	ו	ר	ת	ל	ת	ג	ש	ף	ק	כ	מ	ח
ק	ג	ת	ש	ל	ם	נ	ג	ע	ס	ט	ו	ה	כ	ב	ו
ח	ט	מ	ל	ס	ב	ר	א	ב	פ	ד	ל	ב	מ	ר	ר
ש	פ	ס	י	ב	י	ה	צ	ג	ו	ו	א	ר	ע	ע	י
ע	א	ד	ב	ם	ר	ה	ב	ת	ז	מ	ן	ק	ס	ט	נ
ח	נ	נ	ע	ס	י	ה	ט	מ	א	ל	ל	ה	ד	ר	ר
כ	ב	מ	ס	א	ן	ת	ח	א	ן	ל	ת	נ	ה	ל	ו
צ	ר	ם	ף	צ	כ	צ	נ	צ	ח	ם	ן	ן	ר	נ	ט
ס	ג	ג	ב	א	ח	ט	ח	ה	נ	ת	ע	ט	ף	ת	ב
ס	ט	ש	ד	ר	ל	ע	כ	ן	כ	ב	ח	מ	ש	ח	ק
ן	ס	מ	ט	ל	ע	א	צ	ג	נ	ט	ן	ר	ט	ר	ד
ח	ט	ן	צ	ף	כ	ס	צ	ב	ף	ד	ם	מ	ע	ו	ף
ח	ח	ב	א	צ	ם	י	ל	ל	כ	ס	ה	ר	א	ת	נ
כ	פ	ה	י	ג	ט	ר	ט	ס	א	ן	ו	ס	כ	ל	א

נקודות
מלך
מלכה
כללים
הקרבה
אתגרים
אסטרטגיה
זמן
טורניר

יריב
לבן
אלוף
תחרות
אלכסון
שחקן
משחק
שחור
פסיבי
ללמוד

2 - Salute e Benessere #2

פ	ל	ג	ג	פ	כ	ד	צ	ת	ו	ש	ב	י	י	ת	ה
ן	ל	נ	ס	כ	נ	ר	צ	ה	פ	פ	ן	ע	ל	ר	פ
א	צ	ט	ם	מ	ש	נ	ע	י	ס	ו	י	ן	ו	ת	א
ס	ש	י	ח	ף	ם	פ	ל	ג	ף	כ	נ	ה	ח	ס	א
ה	ם	ק	ח	ש	ף	כ	ג	ר	ו	ה	י	ג	ר	נ	א
ג	מ	ה	ה	ט	א	י	ד	ל	ג	נ	נ	ל	מ	ר	ש
ט	ג	א	ד	ב	ד	נ	ח	א	צ	ו	ב	נ	ל	ר	ע
מ	ב	ה	מ	י	ג	ל	ק	ש	מ	ז	ס	ג	ם	ט	ס
ש	ח	פ	ב	ת	מ	ח	ר	נ	כ	ת	ע	ט	ס	ח	ת
ב	ה	ם	צ	ח	כ	ב	ג	ת	ה	ב	פ	נ	ן	ן	ן
ק	י	ט	ש	ו	פ	פ	ח	ב	ת	ת	ס	פ	ב	ת	נ
ל	ג	צ	ל	ל	ט	מ	ז	א	נ	ט	ו	מ	י	ה	ג
ו	י	ט	מ	י	ן	י	ף	י	ד	ת	ד	א	ע	ל	ס
ר	י	ג	ט	ם	ה	נ	ג	ר	ף	ג	ב	ף	צ	פ	ה
י	נ	ם	ם	ו	ם	ל	ח	ב	כ	ו	ס	פ	מ	ם	ע
ה	ה	ד	ם	ל	ר	ש	ם	ח	ן	ל	מ	ר	ת	ש	מ

אלרגיה
אנטומיה
תיאבון
קלוריה
גוף
דיאטה
עיכול
התייבשות
אנרגיה
גנטיקה

היגיינה
זיהום
חולי
עיסוי
תזונה
בית חולים
משקל
דם
בריא
ויטמין

3 - Aggettivi #2

ת	מ	ג	ל	ר	א	ט	ג	א	ש	ן	א	נ	ח	ן	מ
י	ד	א	ח	ל	ש	ח	א	א	ש	נ	ל	צ	ע	ד	ף
א	ר	ה	כ	ס	ם	ס	ר	ו	פ	מ	ג	ם	ן	צ	ש
ו	מ	א	ו	ת	נ	ט	י	א	כ	ט	נ	ה	י	ת	ט
ר	ט	ר	ג	י	ל	ש	צ	ר	י	ב	ט	מ	י	ב	ב
ו	י	י	צ	י	ר	ת	י	ל	ח	ע	י	ג	נ	ט	ש
ל	ל	ג	א	צ	ד	ת	ח	ז	ק	י	נ	ח	ע	ט	ע
ף	צ	ף	ה	ן	ה	ן	נ	ח	ב	צ	פ	ה	מ	ף	ם
ב	צ	ה	ת	א	צ	ת	ט	ת	ן	ן	כ	ם	ר	ד	ש
פ	ר	ו	ד	ו	ק	ט	י	ב	י	ס	ח	ל	צ	ט	ס
ף	כ	כ	ה	ר	ח	ס	ג	ע	ב	כ	ת	ח	ר	צ	א
ר	נ	ט	ע	צ	ח	ף	ב	פ	ס	ל	ג	ב	ט	ה	ג
ת	ס	פ	ב	ר	י	א	ס	ס	ח	פ	א	ד	ה	ב	צ
ח	צ	פ	ד	ן	מ	ן	ה	ג	ס	פ	ן	ק	ו	ת	מ
ר	ע	ב	ע	ג	ד	ש	ר	מ	ל	ו	ח	כ	ר	ד	ד
ר	ם	ח	ר	נ	ש	א	ב	ט	ג	ט	נ	ל	ף	ף	ל

מעניין
טבעי
רגיל
חדש
גאה
פרודוקטיבי
טהור
אחראי
מלוח
בריא

רעב
יבש
אותנטי
יצירתי
תיאורי
מתוק
דרמטי
אלגנטי
מפורסם
חזק

4 - Ingegneria

ב	כ	ט	ל	כ	ה	ע	נ	ה	ר	ע	ז	ב	נ	פ	ה
ג	ג	כ	ד	ע	י	ם	ס	ם	י	ו	ב	ו	ב	י	ס
ט	א	ט	ג	ם	ל	ז	י	ד	צ	מ	ה	ש	ו	ש	ן
מ	ד	י	ד	ה	ו	צ	פ	כ	י	ק	מ	י	ג	י	ר
ח	פ	ד	ף	צ	כ	י	ח	ס	ב	ן	ח	ח	מ	מ	ת
ש	ט	מ	נ	פ	י	ר	א	ס	ו	א	ב	מ	נ	כ	צ
א	ע	ף	ד	ה	ם	ט	צ	נ	ת	ל	מ	ר	ו	כ	צ
ע	ן	ע	ם	נ	נ	ו	ף	ש	ה	ט	ת	פ	ע	ש	צ
ף	ל	ה	ף	ב	ן	ק	נ	ע	ג	ם	א	ס	ד	ע	ף
ת	ה	ט	כ	מ	נ	ם	ט	ן	א	ת	ט	ש	כ	כ	ר
נ	ב	נ	י	י	ה	ט	ם	ם	ה	כ	ל	ש	ם	ו	צ
ת	ו	כ	ל	א	כ	ר	ג	ת	ל	מ	ף	א	פ	ת	ח
פ	ח	ז	ט	ס	פ	מ	ח	נ	מ	ל	ט	ן	כ	ר	פ
ן	כ	ע	ל	ב	ה	א	ד	ח	פ	ת	נ	נ	ר	ש	ת
ף	מ	כ	ו	נ	ה	ח	ה	ד	ס	ט	ח	ע	ח	י	ש
א	נ	ר	ג	י	ה	ע	ר	ע	ש	ף	ר	ר	ם	ם	ף

זווית
ציר
חישוב
בנייה
תרשים
קוטר
דיזל
הפצה
אנרגיה
כוח

הילוכים
נוזל
מכונה
מדידה
מנוע
עומק
הנעה
סיבוב
יציבות
מבנה

5 - Archeologia

ב	נ	ה	ע	ר	כ	ה	ע	ע	נ	צ	ן	צ	א	צ	א
ם	ס	ה	ח	מ	ו	מ	י	ת	י	ל	א	י	ד	ו	ע
ט	ף	ל	ט	ח	ש	ו	ד	י	ת	ר	ת	א	ב	ת	ל
ם	מ	נ	ש	ש	ל	ל	ן	ק	ו	כ	ה	י	ע	ש	מ
פ	ח	ר	ד	ד	ח	ע	ט	ו	ח	כ	י	ת	ע	ס	ח
מ	י	ב	ק	ד	מ	ת	ם	ת	ט	ק	צ	ל	ט	ו	ב
ד	ח	ק	מ	ם	ע	ן	פ	ן	ט	ח	ז	ר	ק	נ	ת
ת	ן	ב	ו	א	מ	ן	פ	י	ש	מ	י	ר	ח	ד	ם
ט	ף	פ	ם	ש	נ	י	ם	ר	ב	ף	ל	ו	פ	פ	צ
ל	ע	צ	ף	א	ס	ב	ס	ב	ר	א	י	ס	ם	מ	מ
צ	ש	ר	ן	ם	ר	ל	ס	פ	י	ל	ב	פ	ה	א	ע
מ	ה	כ	צ	ב	ח	ר	ד	ט	ם	מ	י	ו	ד	צ	מ
מ	ש	ש	ב	ן	ע	ב	פ	ט	ן	ש	צ	ר	ט	ו	ן
א	ח	ח	ר	ם	ע	צ	ג	כ	כ	א	צ	פ	ת	ו	ם
ש	ד	ע	ג	ס	ף	ב	נ	ת	ה	ע	צ	מ	ו	ת	כ
ע	פ	ג	כ	צ	ת	ס	ד	ח	ב	נ	ל	ד	א	ן	ב

אובייקטים
עצמות
פרופסור
שריד
חוקר
לא ידוע
צוות
מקדש
קבר
הערכה

ניתוח
שנים
עתיקות
ציביליזציה
צאצא
עידן
מומחה
מאובן
שברים
תעלומה

6 - Salute e Benessere #1

ר	נ	ר	ע	א	א	ג	ג	ש	ן	פ	ג	ח	ג	צ	נ
ע	ע	ה	י	פ	ר	ה	ו	מ	ר	ש	ח	צ	ס	פ	כ
מ	ה	א	פ	ר	מ	ן	ב	ג	ן	ת	צ	ל	מ	צ	ע
ש	ת	ו	ע	ל	ג	ר	ה	ב	י	צ	י	ף	ל	ן	ן
ח	ב	פ	צ	ג	צ	ע	ט	י	פ	ו	ל	ד	נ	א	ל
נ	ר	ר	ב	ח	ת	ב	מ	א	ג	ד	ח	ן	ה	ד	ר
ג	ר	ד	י	י	ר	פ	ל	ק	ס	ו	מ	ן	פ	ס	ד
י	ת	מ	ם	י	ע	ב	א	כ	ן	ק	ל	ע	ף	א	ש
ף	ב	ג	י	ד	ף	צ	י	ר	ט	ט	ע	ע	ה	ת	כ
ן	כ	א	ר	ק	א	ה	מ	ת	ד	ו	ט	ח	ד	כ	פ
ח	א	ג	י	י	ם	י	נ	ו	מ	ר	ו	ה	ר	פ	ף
ח	ש	פ	ר	ם	ל	ע	כ	צ	ת	ר	פ	ע	י	ל	ע
צ	ל	ד	ש	פ	ש	ו	כ	ת	ר	צ	ק	ר	ט	ח	ן
ף	ל	מ	ג	א	ה	ר	ף	ש	ג	ס	ם	ח	ף	ן	ע
א	ט	ל	ה	נ	ם	ה	ח	נ	פ	ט	ע	פ	ת	ר	ח
ט	ע	כ	ם	ג	פ	כ	ה	ן	ח	ע	ס	א	כ	נ	צ

הרגל
גובה
פעיל
חיידקים
מרפאה
רעב
בית מרקחת
שבר
רפואה
דוקטור

שרירים
עצבים
הורמונים
עצמות
עור
יציבה
רפלקס
הרפיה
טיפול
נגיף

7 - Aggettivi #1

ח	ף	פ	כ	א	צ	צ	ר	ר	נ	ת	ח	ג	ד	ו	ל
ט	ט	ף	נ	ה	ח	ג	ל	ס	מ	ב	כ	פ	נ	פ	י
א	ר	ו	ך	כ	כ	נ	ס	ב	א	מ	נ	ו	ת	י	ע
ד	ד	א	פ	פ	ר	ס	א	ח	פ	ש	ל	ה	י	ט	פ
ב	א	י	ט	מ	ו	ר	א	ר	ז	ה	ת	ת	נ	ו	ז
ש	ד	נ	ט	ט	ת	א	א	ע	ד	א	מ	צ	ת	ז	ה
ט	ר	ר	צ	ל	ר	מ	ל	מ	ג	ב	נ	ע	פ	ק	ה
ל	ט	ד	צ	א	נ	ד	י	ב	ס	ש	ט	ל	א	א	ע
ח	ש	ו	ב	צ	ע	צ	ג	ב	ם	ל	ם	ל	ש	ו	מ
ו	א	מ	ל	כ	נ	ה	ע	פ	ף	כ	ס	ח	ש	צ	ג
מ	ת	י	כ	ן	ק	ת	צ	מ	צ	נ	ר	כ	ף	ע	ב
ם	ש	צ	ט	נ	ה	ר	ה	פ	פ	ב	ה	נ	ע	י	ם
ת	נ	ב	ט	י	ת	ל	נ	ל	ם	ל	כ	נ	ה	ר	פ
ב	נ	ש	פ	פ	ש	מ	ל	מ	ם	כ	מ	ם	ע	ק	ד
נ	ש	ג	מ	ע	כ	ע	ל	ע	ד	ר	ש	ג	צ	י	ם
ד	ס	ן	נ	א	ל	ט	ף	ף	ר	ת	ל	ס	ף	ח	ע

שאפתנית
ארומטי
אמנותי
מוחלט
פעיל
ענק
אקזוטי
נדיב
צעיר
גדול

זהה
חשוב
איטי
ארוך
מודרני
כנה
מושלם
כבד
יקר
רזה

8 - Geologia

ש	ע	ג	ר	ה	ן	ה	מ	ד	א	ת	ד	י	ע	ר	ס
ד	ח	ם	ת	ב	ע	ן	י	מ	ט	ש	ע	ב	מ	מ	ש
ש	ח	י	צ	צ	כ	ה	נ	ד	א	ג	ח	ב	ח	ה	ר
ת	כ	א	ק	ס	א	ן	ר	ם	ד	ו	ת	ע	ן	ת	ן
ב	ל	מ	א	ה	ל	ג	ל	ף	ט	ל	ב	צ	ג	ן	ח
ד	ב	ל	ף	ת	מ	ח	י	ע	ת	ה	א	ן	מ	ש	פ
ט	ה	ח	ט	ש	ו	ג	ם	ב	צ	ה	ר	פ	כ	ס	א
ל	ס	ע	ע	ד	ג	כ	ד	ץ	נ	ט	י	ף	ח	ל	ר
ח	כ	ב	א	ג	י	י	ז	ר	ו	ז	א	ם	ו	ל	ח
ג	ב	י	ש	י	ם	ה	ן	ו	ח	כ	ד	ם	מ	ת	ח
ם	ם	צ	נ	א	ף	ם	ת	ו	ם	ן	ד	פ	צ	ן	ף
ע	ס	ב	ם	כ	ח	ת	ג	ק	ש	כ	ב	ה	ה	ס	ם
צ	מ	ן	ט	ב	נ	צ	ר	ס	ה	ן	ה	א	מ	י	ה
ס	ח	נ	ח	ה	ף	ר	מ	ב	ם	ר	ח	ג	ע	ד	ס
י	ב	ש	ת	ן	צ	ע	ע	ף	ג	פ	צ	ח	ר	ן	ד
ם	פ	ה	ג	ר	ח	ש	פ	ש	ם	פ	נ	ה	ה	צ	נ

לבה
מינרלים
אבן
קוורץ
מלח
נטיף
שכבה
רעידת אדמה
הר געש
אזור

חומצה
רמה
סידן
מערה
יבשת
אלמוג
גבישים
שחיקה
מאובן
גייזר

9 - Campeggio

ת	ה	ש	פ	ע	ל	ס	מ	ה	ש	מ	ס	ש	נ	כ	ה
ת	צ	נ	א	ג	ס	ף	ת	פ	ם	ף	ה	ל	ה	ו	א
א	ת	ה	כ	ד	ת	פ	כ	ח	ר	י	נ	ס	ן	ב	מ
ם	צ	ד	ן	ה	ק	ת	פ	ר	ה	כ	צ	ר	ע	י	ט
ן	כ	ם	ש	ם	ל	ח	צ	ק	ו	ש	מ	ע	ב	ו	כ
ד	ה	נ	א	ה	פ	ם	ח	ת	נ	ן	ט	ב	ב	ע	פ
ס	ע	ף	ט	כ	ף	ל	א	ב	א	ד	ל	מ	ם	ט	ג
ט	ן	פ	ט	ם	ב	ף	א	א	ק	ל	פ	נ	כ	ת	פ
ת	צ	ף	ס	ם	כ	צ	ג	ד	ם	ר	ת	צ	כ	ט	ח
ס	ת	מ	ם	ן	ס	ס	ם	ם	פ	נ	ת	פ	ה	ף	ף
כ	ף	ט	ל	נ	ל	ש	מ	ד	מ	א	נ	ע	ם	ש	צ
א	מ	א	ח	י	ו	ת	צ	מ	ס	פ	ט	א	ל	ג	ל
ב	ש	ש	כ	א	א	ש	ן	צ	מ	פ	ר	כ	ד	נ	ב
ם	כ	נ	ח	צ	פ	א	ה	ן	ח	צ	ש	מ	ן	ל	א
ת	ר	ף	ף	ף	ח	ח	פ	ט	ב	ף	ן	פ	צ	מ	ח
ג	צ	ה	ט	ע	ן	ג	ף	ב	ל	ר	ג	ה	צ	י	ד

כיף
יער
אש
חרק
אגם
ירח
מפה
הר
טבע
אוהל

עצים
ערסל
חיות
הרפתקה
מצפן
תא
ציד
קאנו
כובע
חבל

10 - Tempo

ח	ש	ח	נ	ב	ד	ע	ש	ט	ג	ב	י	ת	נ	ש	ע
ס	ו	ת	ח	ת	ת	ד	פ	ח	ח	ש	ו	ט	ג	ע	ש
ר	כ	ד	ל	ו	ח	ש	נ	ה	ח	ג	ם	ד	ד	ח	ו
ל	א	ט	ש	ף	נ	ל	מ	ק	ש	ה	ה	ם	ג	ל	ר
ב	ל	ל	כ	ם	ף	ד	ם	ד	ט	א	ח	פ	ר	נ	ש
ס	ו	א	ב	ט	פ	מ	ח	ט	א	ה	ם	ב	ש	נ	ה
ע	ג	ק	א	נ	נ	ב	א	מ	ב	נ	ף	ב	ג	פ	ע
ס	ס	ח	ר	ח	א	ל	ו	מ	ת	א	ט	ן	ח	ף	ש
כ	ר	ל	ע	ל	י	ל	ה	א	ח	ח	ל	א	ג	ם	ל
ף	ע	א	ת	ה	ר	מ	ה	ל	ס	צ	ע	ם	ח	א	ף
א	ף	ר	י	נ	פ	ל	ש	ע	ו	ן	ה	א	מ	ט	ש
ת	ם	ם	ד	ב	ק	ר	ו	ב	פ	ב	ד	ר	ף	ג	ב
ט	ח	נ	ר	ן	ש	ד	ס	ב	ה	נ	ד	א	י	ד	ו
א	ר	ש	ט	ב	צ	ם	ם	כ	י	מ	ם	ן	ם	י	ע
ת	ף	א	ף	ל	ב	ה	פ	ה	ו	ט	ס	כ	ג	ע	ם
ע	ש	פ	ת	ה	ס	נ	ן	ג	ם	ע	נ	פ	ם	ג	ח

צהריים
דקה
לילה
היום
שעה
שעון
בקרוב
לפני
מאה
שבוע

שנה
שנתי
לוח שנה
עשור
לאחר
עתיד
יום
אתמול
בוקר
חודש

11 - Astronomia

א	ע	ר	ש	ף	נ	ג	פ	ה	ף	ט	י	י	ד	פ	צ
ד	ת	ד	ם	ו	נ	ו	ר	ט	ס	א	ר	נ	ק	ן	ב
ם	י	ס	ח	מ	ו	ג	ף	ק	ר	ב	ח	ה	כ	ו	ת
ג	ל	ק	ס	י	ה	י	ם	ר	ן	א	נ	א	ח	פ	ם
כ	י	א	ם	י	ב	כ	ו	כ	ת	צ	ו	ב	ק	ה	ע
ו	פ	ר	ס	ן	ו	ד	ר	ן	ת	ף	ה	מ	צ	פ	ה
כ	ר	ק	ת	ט	נ	א	ח	ח	ם	ק	ו	ס	מ	ו	ס
ב	ע	י	צ	ץ	ר	א	ה	ר	ו	ד	כ	ח	ף	ק	צ
ל	ש	ע	ח	ב	פ	ו	ה	ן	ל	י	ע	פ	פ	ס	ס
כ	צ	צ	ג	ע	ו	ל	נ	ן	ה	א	ס	כ	ס	ל	ם
ת	ת	ל	ד	א	ס	מ	י	א	ת	ו	כ	ם	ג	ט	ם
ח	כ	ם	ס	צ	ח	כ	ר	ס	ו	ר	ס	ג	ע	ם	ם
ד	ג	ח	ע	ר	ב	נ	ק	צ	ר	ט	ן	ג	ם	כ	ל
א	מ	ט	א	ו	ר	ד	ף	ד	ג	ס	ן	ת	מ	ר	ש
ג	ל	ג	ל	ה	מ	ז	ל	ו	ת	א	ת	נ	ל	ב	פ
ש	ש	ש	כ	א	פ	ת	ד	ע	ת	ט	ע	ס	ג	ן	ה

אסטרואיד
אסטרונאוט
אסטרונום
רקיע
קוסמוס
קבוצת כוכבים
שוויון
גלקסיה
ירח
מטאור

ערפילית
המצפה
כוכב לכת
קרינה
רקטה
סופרנובה
טלסקופ
כדור הארץ
יקום
גלגל המזלות

12 - Algebra

ס	ס	מ	ג	כ	א	ג	ע	ת	ח	ן	צ	נ	צ	ל	ח
כ	ו	ף	כ	צ	ו	ל	ב	א	צ	מ	ם	ג	י	י	ר
ו	ג	מ	ט	ר	י	צ	ה	ה	ש	ע	ב	נ	ס	פ	צ
ם	ר	ם	ם	ק	ם	מ	א	ף	ל	ש	י	ו	ס	ו	ס
ש	י	כ	ן	ש	ט	ג	ו	ט	ר	א	ר	צ	פ	ס	ר
ת	י	ם	א	ח	פ	כ	ו	ה	ר	ט	ר	פ	ש	נ	ט
ת	ם	ן	ע	ח	ת	ר	ש	י	ם	ב	ג	ה	ב	י	ס
ט	צ	ף	ח	ת	נ	פ	מ	ע	ת	ס	ר	ש	ר	א	מ
ג	ג	ר	ס	פ	א	ס	מ	ב	ן	ד	ף	ג	ש	ש	ע
ד	כ	כ	ל	ף	ר	מ	ל	פ	נ	ו	ס	ח	ה	ד	ר
ה	ר	ש	ר	ג	ס	ת	ל	פ	נ	מ	ל	ף	נ	צ	י
ע	ן	כ	ר	ש	ע	ם	א	ת	ל	א	ע	ן	ת	ב	ך
ג	ג	ה	ח	ס	ת	ל	ח	ן	ע	ב	מ	ט	ש	פ	ל
ל	ר	ה	ח	ס	ש	ת	ח	ת	ם	ף	פ	ג	מ	ד	ה
ל	פ	נ	נ	ף	ש	נ	ב	ב	פ	ג	ט	צ	ד	ס	ל
ל	ג	ח	ש	ע	ר	ס	ן	צ	ל	ח	ן	ו	ר	ת	פ

מטריצה
מספר
סוגריים
בעיה
לפשט
פתרון
סכום
חיסור
משתנה
אפס

תרשים
משוואה
מעריך
שקר
גורם
נוסחה
שבר
גרף
אינסופי
ליניארי

13 - Mitologia

ג	צ	ח	ע	ן	ב	ב	ג	כ	א	ת	ם	נ	ע	ל	ד
י	ב	ג	ש	ט	ש	ב	ל	ה	ג	ר	ן	ס	ב	ה	ם
ב	ר	ס	ר	ט	ת	ה	צ	כ	ד	ב	פ	נ	ב	ם	ט
ו	ק	מ	א	ם	ע	פ	מ	ג	ה	ו	ט	י	צ	ו	ר
ר	ס	א	ב	ב	ן	נ	ש	ש	א	ת	ף	ד	ע	ס	צ
פ	ף	ן	ם	ה	ט	פ	פ	ש	נ	ד	ר	נ	ה	ק	ד
ל	נ	ר	צ	מ	ת	י	ד	ב	ק	צ	ע	מ	ה	ע	פ
ב	ט	ת	ל	ק	ת	נ	פ	ב	ן	ת	ו	מ	ת	ה	ש
א	ג	ה	ת	נ	מ	ף	ה	ו	פ	ד	ח	ע	א	ם	ף
מ	פ	ל	צ	ת	ד	כ	ר	ג	ס	ס	צ	א	ס	ט	פ
ע	ם	פ	ח	ח	ס	ם	י	ן	ו	ס	א	ט	נ	ס	כ
ר	ן	ט	ע	ת	ב	ע	צ	ה	צ	ת	ף	נ	ט	ח	ד
א	ל	י	ם	א	כ	כ	י	כ	פ	ף	ם	מ	ה	ד	ה
מ	ב	ו	ך	ח	ש	ה	ד	ו	ש	ע	ג	ר	ע	ם	ט
ר	ת	ף	ג	מ	ו	ן	ה	ח	צ	ַ	ֵ	נ	ן	ס	ה
כ	ב	ע	ט	ב	ה	ל	ל	מ	ר	מ	ן	ג	מ	נ	ב

אבטיפוס
התנהגות
יצור
יצירה
תרבות
אסון
אלים
גיבור
כוח
ברק

קנאה
לוחם
נֵצַח
מבוך
אגדה
קסום
בן תמותה
מפלצת
רעם
נקמה

14 - Piante

ב	ה	ת	ע	ס	ם	ר	ע	ב	ל	ר	צ	ט	נ	ל	ע
כ	ה	ד	כ	צ	ג	ס	ל	ן	ג	ד	ה	ח	פ	ש	ג
ג	א	ה	פ	ת	ג	ת	י	ע	ו	ע	ש	ב	נ	ה	צ
ם	ת	ת	ת	ד	ד	צ	כ	ן	נ	ף	ה	ש	ו	ר	ש
מ	י	ץ	ה	א	ע	ל	ו	פ	ר	ח	ק	ו	ב	מ	ב
ג	ל	ע	כ	א	ם	מ	ת	ל	ח	ה	י	י	ח	מ	צ
ח	ִ	צ	ר	ד	ש	א	ר	ע	ל	ה	נ	ר	ס	ל	פ
ח	ָ	ם	ף	ט	ל	ט	ת	ט	ל	ד	ט	ב	ר	ו	ג
ם	ע	ט	ג	ס	ש	ג	א	צ	ד	מ	ו	ס	מ	ג	ס
ע	ד	ם	ש	ק	ע	נ	מ	ד	ש	ר	ב	פ	ב	ו	ש
כ	ב	ל	ן	כ	ק	ס	א	ש	ן	ג	כ	ן	פ	צ	ם
ה	ג	כ	ר	מ	פ	ט	ל	ס	ת	ה	ר	ס	נ	ה	ת
ם	צ	ר	צ	ב	ח	ג	ו	נ	ה	ן	צ	ט	ד	ר	ש
ד	ם	ש	ע	ן	פ	ן	ד	ס	מ	ט	ט	צ	ר	ר	ת
ר	כ	ט	צ	נ	כ	נ	ג	ב	כ	ת	ב	ע	ת	ה	ף
ד	ח	ד	ח	ח	נ	ח	ל	ם	ט	צ	כ	ר	ב	ב	ע

דשן
פרח
עלה
עָלִים
יער
גן
טחב
עלי כותרת
שורש
צמחייה

עץ
ברי
במבוק
בוטניקה
קקטוס
בוש
לגדול
קיסוס
דשא
שעועית

15 - Spezie

ף	א	ף	ה	פ	ח	ח	ת	ש	ע	כ	ב	ף	ע	ת	ע
כ	מ	ו	ן	ס	פ	ת	ח	ש	ט	מ	מ	ף	מ	ף	ג
ש	ע	ד	ה	א	ת	ק	א	ש	ג	מ	ן	צ	ם	ח	ה
ן	ו	ל	מ	ת	ת	י	ג	ט	ת	נ	ל	ם	ה	ל	צ
מ	מ	ש	ן	ה	צ	נ	ם	ר	ע	ע	מ	ו	ס	ק	ט
ח	פ	ט	ד	כ	ס	מ	כ	צ	ת	ת	י	כ	י	כ	ף
ת	ע	ל	פ	ט	פ	ו	ו	ח	ד	ב	נ	ר	נ	ג	ע
ע	ש	מ	ת	ו	ק	ן	ס	ר	ע	כ	ג	ו	א	פ	ף
ג	ר	ח	א	ת	ה	ש	ב	צ	ב	ר	ע	כ	ב	ק	ש
ב	מ	ל	ח	ת	ל	ן	ר	ש	ט	פ	ט	ת	ט	ר	ו
ף	ן	ר	ב	ל	ט	ר	ה	צ	ת	ח	ל	מ	כ	ם	מ
צ	ה	ח	י	ג	י	נ	ג	ר	ז	ע	פ	ר	ן	ס	ר
ה	א	צ	ח	ר	ד	מ	ר	ל	ב	ב	ל	מ	ב	ט	ן
ש	ו	ם	ב	צ	ל	י	נ	ו	מ	ף	פ	כ	ת	ס	ע
ת	ח	ח	ם	ל	ה	ק	י	ר	פ	פ	פ	נ	ן	ה	ה
צ	ט	כ	צ	מ	ר	ת	ת	ש	ש	ף	צ	ט	ף	ב	ס

שום
מריר
אניס
קינמון
הל
בצל
כוסברה
כמון
כורכום
קארי

מתוק
שומר
שוש
מוסקט
פפריקה
פלפל
מלח
וניל
זעפרן
ג'ינג'ר

16 - Numeri

ב	ת	ד	ף	ח	ש	ו	ל	ש	ע	ר	ע	ש	ש	מ	ר
נ	ג	א	ת	מ	ן	מ	ס	ד	ש	מ	ש	ב	ל	א	נ
צ	ב	ם	כ	י	ם	ד	ו	ן	ר	ה	ר	ע	ו	ן	ע
פ	כ	ה	ף	ש	מ	ח	ף	נ	ט	ם	ו	ע	ש	ש	ב
ם	ש	ב	מ	ה	ד	ן	צ	ן	ה	כ	נ	ש	ע	ן	ד
ד	ד	ל	ד	ע	ש	ת	ר	ט	ח	ע	י	ר	ש	ט	מ
ח	ט	ד	ח	ש	ל	ר	ט	ס	א	ת	ש	ה	ר	ב	ת
ף	ג	ן	ם	ר	ש	ע	ה	ע	ב	ר	א	ר	ה	ב	ן
ת	ט	ס	ט	מ	ח	ת	ר	ש	ע	ם	י	נ	ש	כ	א
ה	ע	ש	ר	י	ם	ס	ש	ח	ת	ת	ב	ה	ג	ס	פ
נ	ע	ב	מ	ס	י	ב	ע	ש	ש	ע	ש	ר	ה	ב	ג
ג	ט	ר	ר	פ	י	ש	ע	נ	ר	ס	א	ע	א	ף	ג
צ	ש	ס	א	א	ת	ח	ש	ש	מ	ו	נ	ה	ש	ב	ע
ס	ה	ף	צ	פ	ש	ט	ת	מ	ד	פ	ס	ח	ח	ח	ף
צ	ב	כ	ב	ס	צ	ס	מ	פ	פ	מ	ל	ם	ב	ע	א
ג	ל	ט	ה	ג	ד	ף	א	ג	פ	ת	ע	מ	א	מ	ט

ארבעה עשר
ארבע
חמישה עשר
שש עשרה
שש
שבע
שלוש
שלוש עשרה
עשרים
אפס

חמש
עשרוני
תשע עשרה
שבע עשרה
שמונה עשר
עשר
שנים עשר
שתיים
תשע
שמונה

17 - Cioccolato

ה ש ת ו ק ק ו ת ב ר כ ט א ס ח כ
ף א ר ד ב ק צ ף נ מ ל נ ן ס ת ל
א פ ף ת ס א ט ס ח פ ם ע ט מ ף ד
פ ל ת ג נ ו פ ח ב ן י ל ס ע ל ע
ג פ ן א ש כ ג ם פ א נ צ נ נ ף א
ב צ ה צ א צ ף ס ת ת ט ם מ ן ם נ
ה ש ל ל ק ס ח צ א ש ו ס פ ס ח ג
ן ג ב א ז ף ח נ ק ד ב ט ו ת ן ר
ג צ א כ ו מ ר י ר א ף כ ש ו ו ד
ן מ פ ו ט מ פ א מ ב ר נ צ כ כ ע
ד ל ד ל י ר מ ד ל ק צ מ ט י ת פ
ס ו ק ו ק כ מ ש צ ה ח ע ח א מ כ
מ כ א צ ת י ת א ם ד י ג ה ט ג ח
ד ל א ר ט ב ק ה ג ם ת ן א ע ע ן
ן ן ק ל ו ר י ו ת ן ח ת ק ו ת מ
נ ש ן ס ע ל נ ב ג פ ן ל צ ר ס ע

אקזוטי
טעם
מרכיב
לאכול
קוקוס
אבקה
אהוב
איכות
מתכון
סוכר

מריר
נוגד חמצון
בוטנים
השתוקקות
קקאו
קלוריות
ממתק
קרמל
טעים
מתוק

18 - Guida

ט	ג	כ	א	ג	פ	מ	מ	צ	ב	ג	ר	ל	ב	ן	א
ף	ס	ת	ל	ל	ת	נ	מ	ף	ט	ל	ק	ל	ד	ו	צ
ב	צ	ל	ח	ג	ה	מ	ה	א	י	ב	ת	ר	ט	י	ן
ב	ה	ש	ע	ר	ע	ה	י	ו	ח	פ	נ	ו	ה	ש	נ
ס	כ	נ	ה	י	ו	ש	ר	פ	ו	צ	ב	ם	פ	י	ן
ש	כ	צ	נ	כ	נ	ף	ו	נ	ת	ו	ל	ת	ל	ר	צ
ב	ד	נ	ו	ל	ת	ב	ת	ו	ס	ע	ד	ע	ו	נ	מ
פ	ע	מ	א	ו	ר	מ	ל	ע	ת	ל	א	ך	ס	ו	מ
צ	ה	ת	ת	ה	ן	ה	פ	ה	ן	ת	י	נ	ו	כ	מ
ל	ע	מ	צ	ח	א	ף	ת	כ	פ	ו	ט	ר	ט	ס	ג
א	כ	ב	ש	צ	ף	ח	ב	מ	ה	ר	ו	ב	ח	ת	כ
ה	ח	מ	ת	ה	ן	ל	ה	ש	ב	י	ם	א	ל	ן	ה
ג	ח	צ	נ	ד	מ	ב	מ	ט	ף	ה	ח	ע	ח	ד	ט
ש	ם	ח	ה	י	ה	ט	ס	ר	ג	ז	צ	ר	ט	ן	ד
ע	ן	ן	ם	א	ף	ם	נ	ה	ן	ה	פ	מ	ד	מ	ט
ג	פ	ף	ם	ה	ה	ט	נ	כ	ס	ד	נ	ב	ב	ן	ג

אופנוע
מנוע
הולכי רגל
סכנה
משטרה
בטיחות
תנועה
תחבורה
מנהרה
מהירות

זהירות
מכונית
אוטובוס
דלק
בלמים
מוסך
גז
תאונה
רישיון
מפה

19 - I Media

ת	ר	ס	א	ט	ס	ר	ג	ד	צ	ב	ן	ת	ח	ג	ם
ם	ש	נ	י	ג	ה	ה	ה	א	ת	ן	ק	פ	א	פ	ס
ח	נ	ע	נ	ס	ח	ף	ת	מ	ר	ש	ף	ע	ג	ף	ג
ר	צ	ע	ט	פ	ר	ס	ו	מ	ו	ת	כ	ס	ל	ש	נ
ת	ג	א	ל	ר	ב	נ	נ	ר	ף	נ	ת	ס	ט	כ	ש
ג	נ	מ	ק	ו	ו	ן	ת	ר	ש	ת	ו	ד	ב	ו	ע
ת	מ	ת	ט	ת	מ	כ	ט	צ	ת	ע	ש	י	י	ה	פ
ט	ל	ו	ו	י	ז	י	ה	כ	ג	צ	ת	ע	ל	ט	ה
ת	ד	ד	א	כ	ם	ג	ן	ן	ו	מ	י	מ	ט	מ	ט
ם	מ	ת	ל	ע	ך	ו	נ	י	ח	ר	ו	ב	י	צ	צ
ע	פ	כ	י	ף	ש	ם	י	נ	ו	ת	י	ע	ג	ד	ן
ע	ע	ל	ר	ה	ג	ה	מ	ח	ד	ן	ד	ע	י	ע	נ
ד	ה	ף	ח	ת	י	מ	ו	ק	מ	ה	ר	ו	ד	ה	מ
ט	ח	כ	ס	א	פ	א	ב	ח	א	ט	ד	ס	ד	ע	נ
פ	ת	ת	מ	נ	ע	ל	ח	ע	א	מ	ד	ת	ד	ד	צ
ש	ל	ט	ה	ש	א	א	ח	ה	ר	ף	ג	ן	פ	ף	ן

תעשייה
אינטלקטואלי
מקומי
מקוון
דעה
פרסומות
ציבור
רדיו
רשת
טלוויזיה

עמדות
מסחרי
תקשורת
דיגיטלי
מהדורה
חינוך
עובדות
מימון
תמונות
עיתונים

20 - Forza e Gravità

ס	ל	ע	ן	ר	נ	ג	מ	פ	ל	ג	ת	ם	ח	ח	ר
מ	ע	ה	ש	ם	ף	ק	ס	י	ח	י	נ	כ	נ	ט	ם
ל	ע	ל	ג	ד	ג	ח	ל	ז	ץ	ל	ו	ן	ן	ן	ל
ן	א	ג	ת	צ	י	ר	ו	י	ג	ו	ע	ג	ע	ב	ן
כ	פ	ס	ה	ה	ל	מ	ל	ק	ח	י	ה	פ	א	ח	ע
ב	מ	פ	ר	ט	ס	ט	נ	ה	ד	ן	ט	ע	ף	ה	צ
ף	ש	ב	ח	ס	ר	ד	ש	י	ן	מ	ט	נ	ג	ה	ר
ב	ד	כ	ב	נ	ב	ם	מ	ח	ד	ז	ר	א	ג	ש	ע
ח	מ	ח	ה	ם	י	ס	כ	נ	ט	ד	ל	כ	ב	פ	ח
ן	ר	ש	נ	ר	נ	ח	ל	ט	ס	ע	פ	צ	ז	ע	פ
נ	ם	ר	ק	ת	ו	ר	י	ה	מ	ן	ש	נ	א	ה	ג
כ	צ	ד	ה	ל	א	ד	ל	ן	ג	ב	ת	ר	ה	ח	ע
ח	י	כ	ו	ך	פ	ס	פ	פ	נ	א	ן	ר	ח	מ	צ
מ	ג	נ	ט	י	ו	ת	כ	ל	י	ב	כ	ו	כ	ה	ע
מ	כ	נ	י	ק	ה	ה	נ	ב	מ	נ	ח	ח	ת	ס	צ
ס	צ	כ	ר	א	ף	ב	ח	א	ה	ת	ם	א	ן	ש	פ

תנועה
מסלול
משקל
כוכבי לכת
לחץ
נכסים
גילוי
זמן
אוניברסלי
מהירות

ציר
חיכוך
מרכז
דינמי
מרחק
הרחבה
פיזיקה
השפעה
מגנטיות
מכניקה

21 - Sport

ח	כ	ע	נ	צ	ר	ן	ח	ס	כ	ל	ל	ס	ל	ל	ר
ס	מ	צ	ף	א	ה	י	ד	ב	כ	ב	ג	פ	ה	ש	א
ה	ט	מ	כ	נ	ן	ט	ק	ב	ו	ו	ף	ו	ג	ח	ס
ט	ר	ו	פ	ס	ם	ט	ב	ו	ח	כ	ם	ר	פ	ו	נ
ד	ה	ת	ל	ו	כ	י	ר	פ	ד	ל	כ	ט	ת	ת	ן
א	נ	כ	ף	צ	צ	ס	י	כ	ס	י	ם	א	ף	א	ג
ב	ג	ג	ס	מ	נ	ל	א	נ	כ	ד	ע	י	ט	ן	מ
ר	ן	ה	ע	ע	א	ג	ו	ף	ב	ם	נ	צ	א	פ	ס
י	ל	ו	ב	ט	מ	מ	ת	ל	ו	ב	י	ס	א	ד	ם
צ	ר	נ	ס	נ	ב	מ	ן	ל	מ	ק	ס	ם	כ	ן	ן
ה	נ	ו	ז	ת	ף	ם	ט	ר	ס	מ	ה	י	א	ן	ט
ל	ט	א	ט	ה	ד	ם	פ	מ	א	כ	נ	ר	ה	ה	ם
א	ס	א	נ	ת	כ	צ	ף	נ	ח	ר	ל	י	ח	ת	ד
ת	כ	נ	י	ת	ר	ש	פ	ד	ל	ח	א	ר	מ	ש	צ
ג	ש	ס	ף	ד	פ	נ	א	ד	נ	ע	ב	ש	פ	ב	נ
ב	ב	צ	ס	ט	א	נ	ב	כ	כ	ס	צ	א	ן	נ	ט

מטבולי
שרירים
לשחות
תזונה
מטרה
עצמות
תכנית
סיבולת
בריאות
ספורט

מאמן
ספורטאי
יכולת
לב וכלי דם
גוף
ריקוד
דיאטה
כוח
ריצה
למקסם

22 - Uccelli

ף	ת	ח	ט	ה	ס	ט	ן	ל	נ	ל	נ	ף	ת	כ	ל
כ	ף	כ	ו	מ	ע	ט	ת	ב	ן	פ	ח	ש	ס	ף	ט
ב	ר	ר	ו	ס	ו	ח	ע	ז	ח	ב	ע	ס	ל	ף	ש
ב	ה	ב	ס	נ	ף	ד	ר	ו	ר	ג	ת	ס	ג	א	ט
ע	מ	פ	ד	ר	ר	ת	ג	ו	י	ף	ר	ו	ב	ר	ב
ע	ת	ב	ד	ד	ד	ן	ו	א	ו	צ	ת	ש	נ	ף	ח
נ	נ	ב	ש	ג	ק	ז	ח	נ	נ	מ	ן	נ	ד	ח	ר
פ	ץ	ח	ל	ו	ח	ס	י	ד	ה	ה	פ	נ	א	ש	ע
ם	צ	ש	ק	נ	א	י	ע	ן	י	ו	ו	ג	נ	י	פ
ם	ן	י	ח	ל	א	ג	מ	ח	ן	נ	ם	ח	כ	נ	ן
ה	י	ת	ט	ש	ן	ב	ל	ת	ל	א	ע	ה	ס	נ	ף
ה	צ	ב	ו	צ	כ	כ	מ	ו	ו	ג	נ	י	מ	ל	פ
ת	ב	ת	ק	ת	ב	פ	ל	כ	כ	ג	ה	כ	א	ג	צ
ד	ת	ש	א	נ	ט	ש	ט	י	ס	ע	ד	ה	צ	י	ב
א	ן	ד	ן	ה	ב	ט	מ	ח	צ	ם	ה	ג	ל	ע	ב
ש	ת	מ	ם	ח	ת	צ	ף	ח	ד	ט	ת	ל	ג	ד	ל

אנפה
ברווז
נשר
חסידה
ברבור
קוקייה
נץ
פלמינגו
שחף
אווז

תוכי
דרור
טווס
שקנאי
יונה
פינגווין
עוף
יען
טוקאן
ביצה

23 - Giorni e Mesi

פ	י	כ	ל	ב	כ	כ	ן	ן	ם	נ	א	ה	ב	ש	מ
ה	ו	ר	ה	א	ע	ף	ג	ש	ל	ב	ו	ל	ת	ח	ן
נ	ם	ח	ח	ר	ב	ו	ט	ק	ו	א	ג	ה	נ	ס	ג
ד	ר	ח	ת	מ	ת	ב	פ	פ	ן	ס	ו	ם	ף	ג	ח
ג	ב	ס	ב	ס	נ	ח	ס	ן	צ	ע	ס	א	י	נ	ר
כ	י	נ	ש	ו	א	ל	י	ר	פ	א	ט	נ	נ	ג	ש
נ	ע	ש	ב	ר	פ	ה	ת	ג	ע	ן	ו	ס	ו	א	ב
ם	י	מ	ש	ד	ו	ח	ס	י	מ	א	נ	ב	י	פ	ו
ס	ב	צ	ה	נ	ש	פ	ר	ו	ר	צ	ח	י	ף	ס	ע
ר	י	ל	ו	י	ט	פ	ה	ם	א	ה	נ	ש	ח	ו	ל
ן	ד	ם	ם	מ	א	ד	ה	ר	ו	ש	צ	י	פ	א	י
ש	צ	ת	ב	כ	פ	פ	ל	א	ר	פ	כ	ל	ב	ג	ו
א	מ	ר	ש	ח	י	ו	ם	ש	ב	ת	ם	ש	ב	ש	ם
ש	ב	ל	ס	ע	ר	ף	ח	ו	פ	ל	א	ם	ב	כ	ש
ד	ר	ב	ה	ט	ב	כ	מ	ן	ר	צ	ע	ו	ף	א	נ
ר	ב	ה	ט	ן	ג	י	ו	ם	ש	י	ש	י	ג	ט	י

אוגוסט
שנה
אפריל
לוח שנה
דצמבר
יום ראשון
פברואר
ינואר
יוני
יולי

יום שני
יום שלישי
יום רביעי
חודש
נובמבר
אוקטובר
יום שבת
ספטמבר
שבוע
יום שישי

24 - Casa

ט	ב	צ	ל	ס	כ	ר	ת	ש	ל	ה	ע	ף	ב	ם	ן
צ	ס	נ	צ	ע	ת	נ	נ	ט	ר	ט	צ	ל	ל	ה	ע
מ	ב	נ	ע	ם	צ	ת	ש	י	פ	א	כ	ב	ט	צ	ת
ח	צ	ח	ת	ח	ל	ק	מ	ח	ש	פ	נ	ת	ט	ש	ס
ג	כ	ח	א	ל	ג	פ	ג	ג	ת	י	י	ל	ע	ה	מ
ן	פ	מ	ל	ו	ם	צ	ף	ב	ק	ם	ג	ד	ג	נ	ה
ד	נ	ג	כ	ן	ה	מ	ת	פ	ר	י	ק	א	ד	כ	ה
צ	א	ן	ג	ה	ן	ת	ת	ם	ה	נ	ף	ע	ר	נ	ת
ן	ס	פ	ר	י	ה	ח	ד	ר	פ	ח	פ	ב	פ	ם	ם
ר	ב	כ	מ	ג	ע	פ	מ	נ	צ	ת	פ	ב	ן	ר	ת
מ	ו	ס	ך	ן	ב	מ	מ	צ	ר	ג	ע	צ	ן	פ	פ
ג	ג	ג	ע	ט	ר	ט	ט	נ	א	מ	ר	א	ה	ת	נ
ף	ט	ט	פ	ב	ז	ף	ע	ב	ו	ח	ל	ט	ח	ת	ף
ה	ל	ף	ת	ד	ט	ד	ב	מ	ח	ר	ח	א	ב	צ	ב
ג	ס	מ	ב	פ	פ	מ	ג	ג	א	ע	ה	ט	ס	פ	ל
ב	ג	נ	ט	ן	ת	ה	ח	ט	ש	ב	ג	מ	ל	ן	נ

עליית גג
ספריה
חדר
אח
מטבח
מקלחת
חלון
מוסך
גן
מנורה

קיר
רצפה
דלת
גדר
ברז
מטאטא
תקרה
מראה
שטיח
גג

25 - Ristorante #1

מ ף ג ן א ל ל א ח ב ת ל ו כ א ל
כ ת צ ל ח ת ח ע ג פ י פ צ פ מ ר
מ ר כ י ב י ם ה ר ם א ה ת ט מ ש
צ ש ר נ ג ר נ י ס נ פ ג ל ר ע ת
ת ב ג ח ט צ ט א א כ ו ף ר פ נ צ
נ ם מ ן ק ל נ ן כ ת ק ף מ ע פ א
ג נ פ ף פ מ ן ד ט ר ל ב ס ף ל ח
ח ח י מ ה ב ט ו ר ב ם ט צ ר ד נ
ר ע ת ר ד ט ע ס ע ה נ ל ג ת ט ד
י ד ע ל פ ל ר ש ל ז ה י ה ף ת ע
ף ק ן ע ד ג ע ם ג מ ה א ף ן ן מ
ו ם מ ז ו ן י כ ס נ כ פ ח ט ט ס
ע א ח ל ש ע ם א ת ה נ ת מ ס ת ט
ר ש ד נ ל כ ן כ ע ט ה ע כ ר ב מ
ה ם ף פ צ ג ן ש ד ר ה ג ג ש ג ב
ע ב ת ה ס ח ג ה מ ט ב ח ו נ י ק

מרכיבים
לאכול
תפריט
לחם
צלחת
חריף
עוף
הזמנה
רוטב
מפית

אלרגיה
קפה
מלצרית
בשר
קופאית
מזון
קערה
סכין
מטבח
קינוח

26 - Fantascienza

א ד א ל ד ט ק צ ם ד א ם י ר פ ס
ס י ו כ מ ע ו ה י ג ו ל ו נ כ ט
ת ס ט ו י ת ל י ט ע כ ל ע ר מ ן
ש ט ו כ ו י נ ל ו מ ה י ס ק ל ג
א ו פ ב נ ד ו ש ב ץ ו צ י פ ק ת
ש פ י ל י נ ע א ו ר ד ש צ י ר א
ט י ה כ ן י ד צ ר ש ף ף צ ח ו א
צ ה ד ת ט ר ס פ א ש ח ו י א א ש
א ן פ ס ע ו ל ם ט ע נ ש ט ר ש ד
ס ע ט ע ח ת ת פ ו י ח ג ש נ ת ד
ח נ נ פ ב ס א ח מ ן ה ף ג ח כ צ
פ ל ג ם ע מ כ מ י ה ג ט נ נ ב ן
ל נ ח ט פ ף ע פ ם ט ף ב כ א ב כ
ף א ר ח ם ט ס ס ן ן ש ב פ ל ח פ
ם ף נ ג צ ן ב א ע ף ב מ צ ב צ פ
ם ע ל ת פ ש ם ת ס מ ג ד ה א ל ל

דמיוני
ספרים
מסתורי
עולם
אורקל
כוכב לכת
רובוטים
תרחיש
טכנולוגיה
אוטופיה

אטומי
קולנוע
דיסטופיה
פיצוץ
קיצוני
פנטסטי
אש
עתידני
גלקסיה
אשליה

27 - Città

צ	א	ם	צ	מ	ד	ס	נ	נ	ש	נ	מ	ט	ע	ן	ט
ס	צ	ח	ף	פ	ד	ה	ף	ט	ג	מ	ו	ש	ע	צ	ל
צ	ט	ק	ר	מ	ר	פ	ו	ס	ג	ה	ז	ח	ב	ש	צ
ב	ד	ו	נ	ת	ג	ו	נ	ף	ב	ג	י	ה	ד	ח	ר
ק	י	ש	ף	ב	ל	ע	ד	ר	ה	ס	א	פ	ח	נ	א
ו	ו	ה	ר	א	ר	ת	ד	א	ט	מ	ו	ת	ם	מ	ט
ל	ן	ה	ב	מ	י	ה	ש	צ	י	כ	ן	ב	צ	ר	ן
נ	ו	ה	ף	ל	ה	ד	מ	ש	ס	נ	ח	ב	ס	פ	ח
ו	ל	כ	כ	נ	י	ש	ן	ו	ר	ט	א	י	ת	א	צ
ע	מ	ם	ל	ת	י	ד	נ	ר	ב	ג	ה	ת	ו	ה	פ
ח	נ	ו	ת	ס	פ	ר	י	ם	י	ן	ם	מ	נ	י	ר
פ	צ	מ	ד	ף	א	ש	ה	ן	נ	ח	ל	ר	ח	ר	ח
ע	א	פ	ג	נ	מ	ג	ר	ת	ו	י	ן	ק	מ	פ	י
ס	ש	ש	ח	מ	ד	ש	נ	ע	א	ו	א	ח	ג	ס	ם
נ	ד	א	פ	ר	ת	ב	ם	ש	ח	ת	מ	ת	ל	כ	א
ע	מ	כ	ה	צ	ט	ר	כ	ת	כ	ב	י	ת	ס	פ	ר

שוק
מוזיאון
חנות
מאפייה
בית ספר
אצטדיון
סופרמרקט
תיאטרון
אוניברסיטה
גן חיות

שדה תעופה
בנק
ספריה
קולנוע
מרפאה
בית מרקחת
פרחים
גלריה
מלון
חנות ספרים

28 - Fattoria #1

ט	ש	ע	ל	ת	ת	ט	מ	ד	ל	ש	ל	ף	ד	ס	ג
ל	ד	ז	ן	א	מ	ב	ח	ב	ש	ה	א	ת	ס	ת	צ
ח	צ	י	ר	ד	ג	ש	ב	ם	ל	ן	ל	א	ם	ב	ס
ב	כ	ם	ו	ו	ל	ש	ס	ם	צ	ן	ח	מ	ת	צ	ר
ע	ג	ל	מ	צ	א	ב	ל	ד	ן	ן	ש	ג	ה	נ	ף
מ	ג	א	ח	ל	מ	ח	צ	צ	ת	ש	נ	ה	ף	צ	פ
כ	ט	ג	ל	כ	ש	א	ע	ח	ת	ו	ל	כ	ל	ב	ג
נ	ט	ף	ב	ב	מ	נ	ש	פ	ר	ה	א	ל	ה	ל	ר
ש	ב	ד	ש	נ	ם	ד	פ	ה	י	ג	נ	ל	ע	ה	ף
ד	צ	ג	כ	מ	ף	נ	ת	ס	ז	ע	ם	כ	ק	ת	ף
ה	ת	א	ר	מ	ן	ב	ח	ג	ח	ם	ג	ד	ם	ח	ם
ר	ב	כ	ן	ח	ש	ב	מ	ל	ט	נ	ס	ט	ח	א	ם
ו	מ	ף	ש	ס	ו	ס	ה	ע	ו	ף	מ	ן	ח	ת	ש
ב	ע	ג	ד	ג	נ	א	ם	ף	ר	ע	ה	ח	צ	ג	א
ד	ח	ש	ה	א	ה	ה	ם	ג	מ	י	ם	י	ע	ר	ז
ד	ש	ג	מ	ה	ג	נ	ל	צ	ע	כ	ג	א	ג	נ	מ

חתול
צאן
חזיר
דבש
פרה
עוף
גדר
אורז
זרעים
עגל

מים
חקלאות
דבורה
חמור
שדה
כלב
עז
סוס
דשן
חציר

29 - Psicologia

א	ח	פ	ה	נ	פ	ש	ה	א	ט	ס	ג	ע	מ	א	ר
ה	ה	ן	ש	ד	ח	ס	ש	י	מ	א	ב	ת	ל	ח	ע
ט	נ	ף	פ	ע	כ	ן	ה	ש	נ	ט	ג	ע	ל	ש	י
ח	ף	ש	ע	ס	ט	ת	ט	י	ן	צ	א	ם	ס	נ	ו
ס	א	ג	ו	ג	נ	ו	ח	ו	ט	מ	ס	ש	א	ל	נ
ל	ד	ב	ת	ה	ב	ד	ן	ת	א	ם	כ	נ	ת	א	ו
א	ר	מ	ג	ת	ב	ל	ת	ל	ת	ו	א	י	צ	מ	ת
מ	ב	ו	צ	צ	ה	י	פ	ס	ת	ו	ב	ש	ח	מ	ת
ו	ת	מ	ק	ל	י	נ	י	ה	ת	ר	פ	ת	כ	ח	ש
ד	א	ן	ט	ס	ב	ג	ס	ג	ג	ג	צ	ו	ו	ח	ר
ע	נ	מ	ף	ן	צ	ע	ה	ש	ף	ס	ע	ש	ג	ל	ף
ה	ת	ו	מ	ו	ל	ח	ו	נ	ר	צ	ה	ג	ף	ט	ף
ע	ב	כ	ע	ע	ת	ת	ף	ה	י	צ	י	נ	ג	ו	ק
ר	ע	נ	ף	צ	נ	ש	ח	ו	ו	י	ו	ת	ע	ע	ל
כ	י	ן	ס	כ	ם	א	ל	ו	פ	י	ט	ה	א	ח	א
ה	ה	ט	ש	ש	א	ג	כ	ס	ה	ל	מ	ם	ג	ף	כ

השפעות
מחשבות
תפיסה
אישיות
בעיה
מציאות
תחושה
חלומות
טיפול
הערכה

קליני
קוגניציה
התנהגות
התנגשות
אגו
רגשות
חוויות
רעיונות
לא מודע
ילדות

30 - Paesaggi

ן	א	א	ג	א	ם	ג	א	ט	מ	ס	ח	ע	ב	ג	ל
נ	ו	י	מ	ף	ם	י	א	נ	ו	ח	ו	מ	ח	ס	ג
ם	א	ח	ב	ל	ד	י	ו	צ	ת	נ	ף	ק	ת	ל	כ
ף	ז	ם	ר	ח	ע	ז	ק	ד	מ	נ	ד	ל	ן	ם	כ
ח	י	ט	ג	ק	ד	ר	י	ט	פ	ן	ה	ר	ל	ל	א
ג	ס	ד	ח	א	כ	כ	י	נ	מ	א	ע	ל	ה	נ	ל
מ	ר	י	צ	ף	ש	א	נ	ת	ם	ט	א	ל	ר	ב	ב
פ	ה	ו	י	ם	ב	ש	ו	ד	ט	ט	ה	ט	ע	פ	ר
ל	ד	נ	ה	ה	מ	ש	ס	פ	ף	ע	י	ם	מ	ם	ם
ש	מ	ו	א	ד	ה	ר	ף	ר	ס	ע	ח	ח	פ	ה	כ
ר	פ	ת	י	צ	ש	ם	ח	ם	נ	ן	כ	ע	פ	צ	א
ת	נ	ש	ח	צ	ה	א	נ	ר	ת	ל	ד	מ	ש	י	ה
ב	ג	ת	ר	ר	פ	ע	מ	ן	ה	ה	נ	מ	ד	ב	ר
ה	פ	ה	ס	ן	א	ר	ב	ט	ל	ע	ר	ג	א	צ	ה
נ	ד	נ	ף	צ	ם	ע	א	ע	נ	ב	ג	ה	ר	ם	נ
ח	ה	ל	פ	צ	מ	ד	ף	ש	ע	ג	ר	ה	א	צ	כ

ים
הר
אואזיס
אוקיינוס
ביצה
חצי האי
חוף
טונדרה
עמק
הר געש

מפל
גבעה
מדבר
דיונות
נהר
גייזר
קרחון
מערה
אי
אגם

31 - Energia

ס ן ף ר ד כ ת ב ם ד ל ק ם ם ב ף
ב ה ם א ח ה מ ל ב נ ז י ן ר ם ם
ר ס ת ג ט ר ב ע מ פ ו ט ו ן ן ע
צ מ א א ש ו ת ט ם פ ן ו ר ט א ן
ח כ נ פ ת ח י ל מ ש ח ר ט פ ר ח
ט ו ר ב י נ ה ז ם ב ח ן ק כ ג ס
ה ד נ ב י ד ס י מ ט ע ן ל ד ע ב
ן ד ב ע צ א ף ד י ע ג צ א ם ת י
ב ה ר ם ר ב ג ח מ ן מ ח פ ז ס ב
ת ג ג ג ח ה ס ש ן ם ף ל י ל פ ה
ע צ ט ה י פ ו ר ט נ א ה א ע ם מ
ש ח ר ת מ פ ט ג ב נ ו ל ר ם ש נ
י ם ע ת נ ד ג כ ס ם ד ל ס ן ל ו
י צ ח א ם ס ש ד ט ו ש ו מ ן ל ע
ה ד ב ר צ ע ג ן ה ח ת ס ג ם ג כ
ש ב ע ח ד ס ן כ ב ן ת א ט ט ח ט

פוטון
מימן
תעשייה
זיהום
מנוע
גרעיני
מתחדש
טורבינה
קיטור
רוח

סביבה
סוללה
בנזין
חום
פחמן
דלק
דיזל
חשמלי
אלקטרון
אנטרופיה

32 - Ristorante #2

ק	ר	ח	כ	ד	נ	ט	ב	ש	ה	מ	ה	מ	א	ס	ג
ח	צ	ג	ה	ג	ו	ע	ת	כ	ע	ב	ס	א	ר	צ	א
ט	ל	ס	נ	ט	כ	ע	ת	ו	ר	י	פ	ג	ו	א	ן
ן	מ	מ	ש	ן	מ	ט	ו	ב	ג	ח	ם	ש	ח	ף	מ
פ	צ	ת	כ	ל	ם	ע	ק	ש	ל	ם	ד	כ	ת	מ	ר
א	כ	א	ס	י	כ	י	ר	ג	ז	י	ה	ר	ע	נ	ב
א	מ	ב	כ	נ	צ	ם	י	נ	מ	י	נ	ף	ר	א	ם
ח	ת	ן	מ	ל	ח	י	ע	ף	ש	ר	ד	י	ב	ד	צ
ב	ע	ף	ן	ט	ם	צ	מ	ף	ס	ה	ף	ף	ם	מ	א
ת	ה	ף	ן	מ	ה	י	א	ב	ת	צ	ד	ד	ח	פ	ף
ה	ה	נ	ט	ס	ף	ב	א	כ	ג	ת	נ	ת	ם	ד	נ
מ	ג	ף	ג	ף	נ	נ	א	ן	ל	ח	נ	ה	ל	ע	ב
ר	ט	כ	ה	ל	ן	ם	צ	ד	ש	ו	ת	ל	מ	ף	ם
ק	ל	ם	כ	מ	י	ם	ד	כ	ס	ר	ת	ח	ת	מ	ש
ר	ט	כ	ף	ם	ג	פ	ר	ן	ס	א	ד	ם	ט	צ	ע
ף	צ	א	ט	ר	ל	צ	פ	נ	ן	ח	ה	ם	ס	נ	ס

מרק
דג
ארוחת צהריים
מלח
כיסא
תבלינים
עוגה
ביצים
ירקות

מים
מתאבן
מלצר
ארוחת ערב
כף
טעים
מזלג
פירות
קרח
סלט

33 - Moda

י	ק	ר	ג	ה	מ	ג	מ	מ	ף	ן	נ	ב	ם	ש	ע
ר	ק	מ	ה	פ	ר	ג	ל	ר	ק	ת	ו	ד	י	מ	ן
מ	ת	ו	ח	כ	ם	ח	ר	צ	ב	ו	ח	נ	פ	ג	א
ה	ש	ש	ג	ט	ף	ר	ת	ח	ס	כ	ר	נ	ג	ב	ט
ה	ח	ד	א	ף	מ	פ	ב	צ	ע	ס	ב	י	ל	ס	כ
ף	ס	ש	ב	ד	ט	צ	נ	ט	פ	נ	ע	מ	ח	מ	ה
ג	ש	ע	ם	ד	ט	ר	י	ש	ע	מ	ג	ב	צ	ב	ע
א	ל	ג	נ	ט	י	ט	ת	ר	ף	ט	ע	ו	נ	צ	ג
ח	ג	ם	ם	צ	ט	ל	ט	פ	ש	ו	ט	ט	י	ם	ג
ם	ה	ת	ט	ת	ד	ר	מ	ד	ב	ה	ן	י	ם	מ	ר
ג	ת	ל	ח	ף	כ	ת	מ	צ	פ	כ	ר	ק	ב	ר	ה
ד	ה	ש	מ	צ	ר	ר	ס	ה	מ	ד	ן	ד	ה	ק	ל
ה	ס	ס	ס	ב	ר	כ	ן	ל	ל	נ	ד	ל	ס	ם	ר
מ	ו	ד	ר	נ	י	ט	ס	י	ל	מ	י	נ	י	מ	ח
ה	מ	ת	צ	צ	ב	ם	ד	ר	פ	א	ט	ס	ל	מ	ף
ן	ע	ה	ל	ש	א	פ	פ	פ	ח	א	ע	ש	צ	נ	ף

בוטיק
יקר
נוח
אלגנטי
מינימליסטי
מידות
תבנית
מודרני
צנוע
מקורי

תחרה
מעשי
לחצנים
רקמה
פשוט
מתוחכם
סגנון
מגמה
בד
מרקם

34 - Giardino

ה	ה	ט	ן	פ	ב	ש	ע	ס	ג	ד	ג	כ	ג	ר	ט
ס	ב	ר	ח	נ	ס	פ	ש	ף	ש	מ	ג	ג	ף	צ	ף
נ	ב	ן	ג	ה	ש	א	ב	א	פ	ה	ן	מ	ס	צ	צ
ש	א	ח	ד	ע	ת	ג	י	ן	ט	כ	ד	ן	צ	י	ד
ף	ר	ף	צ	ץ	פ	מ	ם	ה	מ	ד	א	א	ט	נ	ש
ת	ס	פ	ר	מ	ה	ו	ש	כ	ר	פ	ט	ע	ט	ו	ט
א	ב	ה	ד	ם	ה	ס	ו	י	ר	ב	ה	ר	פ	ר	ח
ת	ש	מ	ד	ת	ן	ך	ט	ר	ס	ה	מ	ת	מ	ד	א
ח	נ	ם	י	ע	ל	ס	י	ב	ב	פ	ד	ג	ח	ג	ן
פ	ן	ן	נ	ד	ס	ט	ם	ו	ו	א	ה	ל	ם	א	ט
י	ל	ח	ע	ע	ר	ס	ש	ל	ט	ב	ט	ה	ל	ד	ב
ר	ש	ט	מ	ט	ע	ל	י	ס	ה	ת	ה	ם	ג	ג	ד
ה	ה	פ	ר	ג	מ	נ	מ	פ	ף	מ	נ	ף	ן	פ	ג
כ	א	צ	ח	ה	ה	ת	פ	ס	מ	מ	א	ם	ם	ס	ט
ה	ד	ן	ם	ף	ח	ס	ר	ר	ן	ל	צ	ל	ג	ת	ת
ג	ן	ן	נ	ם	ל	ע	ל	א	ף	מ	ג	ח	צ	ן	ד

המרפסת
מגרפה
גדר
סלעים
בריכה
אדמה
טרסה
טרמפולינה
צינור
גפן

עץ
ערסל
בוש
דשא
עשבים שוטים
פרח
מוסך
גן
את חפירה
ספסל

35 - Riscaldamento Globale

ח	א	ר	ג	ט	ג	ת	ו	ר	ו	ט	ר	פ	מ	ט	מ
ק	ו	ם	ף	ז	ס	נ	ת	פ	נ	ט	ב	א	פ	מ	ה
י	כ	ל	ג	ד	ש	ע	ע	א	פ	ף	ל	ן	ש	ד	ר
ק	ל	ה	ב	ר	כ	ה	נ	ל	ס	צ	א	ל	ט	ע	מ
ה	ו	ח	ם	ש	ה	י	י	ש	ע	ת	ה	פ	ג	ח	צ
מ	ס	ת	י	פ	א	ג	ט	ב	ן	ע	ת	ו	ר	ו	ד
ד	י	ו	נ	ר	ר	ר	ס	נ	ס	ש	נ	ף	נ	ת	ב
ע	ו	כ	ש	כ	ק	נ	ע	ן	ג	ר	ן	צ	ן	י	י
ן	ת	ל	ל	א	ט	א	ת	ג	ן	ן	ר	ר	ס	פ	נ
ט	ג	ש	ב	ת	י	ג	י	ד	ו	ל	ף	ט	ב	ב	ל
ל	ב	ה	ל	כ	ח	צ	ד	ם	י	ל	ק	א	י	פ	א
ף	ם	ב	ל	ש	מ	ל	ס	י	נ	ש	ב	צ	ב	כ	ו
ד	ג	ל	ם	ת	כ	ף	נ	נ	פ	ד	ה	א	ת	ת	מ
כ	ן	ה	ט	ף	ח	ר	נ	ו	מ	מ	ס	נ	י	ש	י
ף	צ	כ	ע	א	ד	ש	ר	ת	נ	ס	צ	ד	נ	ת	צ
ס	ר	ב	ש	מ	ה	ג	ס	נ	ג	ם	נ	צ	ל	ר	ש

ממשלה
בתי גידול
תעשייה
בינלאומי
חקיקה
עכשיו
אוכלוסיות
מדען
פיתוח
טמפרטורות

סביבתי
ארקטי
אקלים
השלכות
משבר
נתונים
אנרגיה
עתיד
גז
דורות

36 - Frutta

פ	ם	ט	ב	ג	נ	ם	כ	צ	ה	ן	ה	ל	ן	ה	ה
פ	ש	ף	ח	א	ג	ס	ם	א	ס	נ	ע	י	ר	ב	א
א	צ	פ	ל	ן	ע	מ	ט	א	ר	ס	ג	מ	ס	ע	ע
י	ס	ג	פ	ן	ד	מ	ש	ם	צ	ה	ח	ו	פ	ת	כ
ה	נ	י	ר	ט	ק	נ	ל	ס	מ	ף	ר	ן	ה	ה	ד
מ	נ	ג	ו	נ	ח	צ	י	ו	ו	י	ק	ב	ם	ה	ת
ש	א	נ	מ	ש	מ	ש	ר	ם	ן	ז	ג	ד	ת	ף	א
ש	ח	נ	ב	ע	צ	ע	כ	כ	ס	ש	ע	ב	ע	ט	פ
צ	ש	כ	ת	ו	ם	פ	ט	ל	ד	ח	ח	ו	ם	ג	כ
ף	ת	ח	ח	כ	ד	ת	נ	ם	ה	נ	א	ד	ם	ר	צ
ס	ש	ל	כ	ר	ב	ק	פ	ר	ד	ט	ס	ר	ר	פ	ט
פ	ח	א	ם	ף	ח	כ	ו	ח	ה	ג	ק	ב	נ	ט	כ
ט	ח	ל	ח	ף	ן	ב	כ	ב	ת	ר	ס	ה	א	ש	ש
ס	ן	ת	צ	נ	ס	ר	ח	פ	א	פ	ר	ה	מ	ה	ף
ן	מ	ה	ח	מ	ס	ט	ל	ט	ם	ר	פ	ג	צ	ד	כ
ל	נ	כ	פ	ס	ן	ח	ת	ל	ף	ת	א	נ	ה	ס	ל

משמש
אננס
כתום
אבוקדו
ברי
בננה
דובדבן
תאנה
קיווי
פטל

לימון
מנגו
תפוח
מלון
נקטרינה
פפאיה
אגס
אפרסק
שזיף
גפן

37 - Fattoria #2

ר	ב	ל	ע	ד	ע	ד	א	מ	ם	ט	א	ד	ת	א	ת
כ	ב	ג	פ	ט	ט	כ	ש	ש	ט	מ	ם	ה	ט	י	ח
ף	ח	ד	ת	ד	כ	ש	א	ס	ר	י	ת	ת	ו	י	ח
א	ח	ו	ן	מ	מ	צ	ט	ג	ר	ח	ר	ו	מ	פ	ם
ר	צ	ל	מ	ף	ן	ם	ה	ן	ג	צ	ו	ר	ן	ט	ח
ר	ס	ן	ה	ר	ו	ע	ש	ל	ר	ב	ו	י	ח	ל	ח
נ	ן	צ	כ	ו	ז	א	צ	פ	ת	ס	כ	פ	ה	ד	ה
ל	ן	י	נ	ט	מ	ש	ן	ת	ה	פ	ד	ה	מ	א	ל
ן	א	ה	ר	ק	ן	ד	ד	ח	ס	ן	ב	ל	ח	ח	כ
א	ת	ה	מ	ר	ש	ם	ת	ב	א	ר	מ	מ	ר	ר	כ
צ	ט	ש	ס	ט	ן	ף	צ	ט	ס	מ	כ	ן	ש	צ	ש
ה	ל	ק	ם	י	ז	ו	ו	א	ם	ע	כ	ש	מ	ד	ט
כ	ג	י	ד	פ	ל	ח	ה	י	ב	ת	ם	מ	ן	ל	פ
י	כ	ה	ש	ד	ס	ח	ש	ת	נ	צ	ב	צ	ה	נ	נ
ר	ז	ו	ו	ר	ב	ב	ן	ע	ד	מ	ד	ם	צ	ה	א
ק	ד	נ	ד	מ	כ	ב	ן	ל	ט	ד	ד	ב	ש	צ	א

השקיה
לאמה
חלב
תירס
אווזים
שעורה
כבשים
אחו
טרקטור
ירק

טלה
איכר
כוורת
ברווז
חיות
מזון
לגדול
אסם
פירות
חיטה

38 - Verdure

ל	פ	ת	ח	צ	י	ל	ן	ס	ד	כ	א	פ	מ	ת	א
א	ל	ס	ש	ס	ע	ש	ן	ס	ל	צ	נ	ט	ל	ב	פ
ף	ח	ש	ה	ר	ם	ס	ע	ח	ע	ס	צ	ר	פ	צ	ו
ת	ת	נ	כ	ר	כ	ש	נ	כ	ת	ל	נ	ו	פ	ל	נ
ן	ח	ש	ב	נ	ג	ב	ף	ע	ט	ר	פ	ז	ו	ס	ה
ב	ד	ם	כ	פ	ד	ב	פ	ף	ה	י	צ	ן	י	ג	מ
ם	נ	ב	ש	ע	כ	א	ד	פ	א	ה	ד	ל	ד	ר	ד
ו	ע	ח	ל	ע	ט	ב	ר	ף	צ	צ	ג	י	נ	ם	א
ש	צ	ס	כ	פ	ר	א	ז	ט	ה	ג	ג	ה	ט	נ	ח
ח	א	ר	ם	ס	א	כ	ג	ה	י	י	נ	ב	ג	ע	ו
ט	ג	ל	ן	ד	כ	ר	פ	ג	י	ש	א	ר	ה	ס	פ
נ	ע	י	ו	א	ף	כ	ף	ם	ר	ב	ו	מ	ח	ע	ת
ף	ל	ב	נ	ת	נ	נ	ד	ט	ט	ל	ס	ק	פ	ט	ה
ב	א	א	צ	ג	ד	ע	ג	ט	פ	ס	ח	כ	ה	ל	ש
כ	ת	מ	ס	צ	ר	ב	ר	ו	ק	ו	ל	י	ט	ח	ח
ן	ח	צ	א	ט	ת	ה	ד	ל	ט	ט	ח	ר	ח	א	ר

שום
ברוקולי
ארטישוק
גזר
מלפפון
בצל
פטרייה
סלט
חציל
תפוח אדמה

אפונה
עגבנייה
פטרוזיליה
לפת
צנון
שאלות
סלרי
תרד
ג'ינג'ר
דלעת

39 - Musica

ק ש ט ת פ ס ם ר ה כ נ ב ט ה מ ת
צ ג ט ט מ צ ע מ י ק ר ו פ ו ן צ
ב ל מ ה ג ר ר ט ל ת פ פ ז ד א א
ם כ ג ל פ ע ר ב ו כ ל י ב ה א ח
ד ש ס פ א ר ל ם ק ל ק ם ו ב ל א
ד ר ף ש ג ד י מ ב א מ ש ף ן פ ה
ת ן ן צ ה ב ס ם י מ ה ר ף ם ף ש
ה נ י ג נ מ . ס ב ח ל מ י ב צ ק
ס ן א ר י ט א ו פ ז ר ז ר ט ג ב
ל פ ת א נ ס _ ה ר מ ו נ י ה ע ט
ף ר פ ה ו פ ל ל ע ר ב ף ל ת א ן
ש ס ם צ מ ן ק מ ק ה ל ה ר פ ו א
ב ע ח מ ר ן צ ב ש מ ט ד ס פ ר פ
פ ג ה ג ה ט ט פ ת ל פ ג פ ן ס ד
ל פ ד מ ת נ פ ט ק א ג מ ל ע ף א
מ ד פ א ס ר ט ה פ ל ט ע ג ה ב ר

מיקרופון
מחזמר
מוזיקאי
אופרה
פואטי
הקלטה
קצבי
קצב
כלי
קולי

אלבום
הרמוניה
הרמוני
בלדה
זמר
שר
קְלַאסִי
מקהלה
לירי
מנגינה

40 - Barbecue

ל	ד	ר	ם	ל	מ	מ	מ	ג	ן	ם	ס	ף	ר	א	ג
צ	ש	ג	ד	ת	ז	ד	ש	ג	ן	פ	ב	ס	ט	ת	מ
ב	ט	ו	ר	ט	ו	ג	ת	פ	ס	ג	ד	ח	ר	ד	ג
ג	ע	א	כ	י	ן	א	נ	א	ח	ל	מ	ע	מ	א	ט
פ	י	ר	ו	ת	ל	ע	ו	ף	ן	ה	ו	ח	ש	כ	פ
ע	ג	ב	נ	י	ו	ת	ם	ע	א	ש	ז	מ	ח	פ	ל
ט	ד	ח	ד	ד	ס	ה	ף	ד	צ	ץ	י	ק	ק	ש	פ
ה	ז	מ	נ	ה	ה	ם	ל	ן	נ	נ	ק	ם	י	פ	ל
א	ר	ו	ח	ת	צ	ה	ר	י	י	ם	ה	ס	ם	א	ש
ס	ה	ף	ח	ם	י	ט	ל	ס	א	י	ש	נ	ש	ל	ה
א	ר	ו	ח	ת	ע	ר	ב	ם	ר	נ	ש	ש	פ	ם	ן
ב	ש	פ	נ	ס	מ	ס	ה	פ	כ	י	ט	א	צ	ט	ש
ג	ד	ת	ם	מ	ד	ע	נ	ל	ה	כ	א	ה	ס	ע	ע
ד	ן	ש	כ	ן	ה	צ	מ	ם	ח	ס	ד	ש	ה	ל	כ
ל	נ	ש	ל	פ	פ	ה	ג	א	ת	צ	ר	ב	צ	ה	ט
ף	ר	ב	ף	פ	ס	ג	פ	ת	כ	ר	כ	ע	ם	ף	ם

גריל
סלטים
הזמנה
מוזיקה
פלפל
עוף
עגבניות
ארוחת צהריים
מלח
רוטב

חם
ארוחת ערב
מזון
בצל
סכינים
קיץ
רעב
משפחה
פירות
משחקים

41 - Insetti

ג	ם	ש	ע	כ	פ	ח	ש	א	צ	ח	ן	מ	ח	ה	ס
פ	ה	ח	ם	נ	ח	פ	ט	ת	ג	ע	ס	נ	ט	ג	נ
ר	פ	ש	ח	י	ס	ט	פ	ב	ט	ס	ח	י	ת	ו	ש
ע	ף	מ	ס	מ	פ	ד	ר	ט	ס	צ	מ	ת	א	פ	פ
ו	נ	ה	ם	ה	צ	פ	פ	ס	ה	ב	ר	א	י	א	נ
ש	ף	ת	נ	צ	ם	ט	ר	ה	ל	כ	פ	ר	ה	ע	ט
פ	ע	ש	צ	ת	י	ש	ו	פ	י	ח	י	מ	ג	ל	ר
מ	ב	ט	ף	מ	ל	ח	א	נ	ן	ת	ף	נ	ה	מ	מ
צ	ל	א	ל	ח	א	ח	מ	ב	ה	ע	ר	צ	ר	נ	י
י	ע	נ	ף	ז	ח	ל	ס	נ	ר	ל	ם	ט	ם	ע	ט
ק	ד	ג	א	ע	ה	נ	א	ט	ו	ו	צ	ת	ח	ן	ה
ד	ל	ש	ף	ף	ה	ד	ר	ן	ב	ת	ם	ף	ג	ע	ן
ה	ת	ה	מ	ל	ש	ל	מ	ג	ד	ט	מ	פ	מ	ש	ג
ד	ת	ח	ש	ת	מ	ת	כ	ל	ד	מ	ר	ב	ב	ש	ע
נ	ת	ד	ע	פ	ט	א	ח	ן	ש	ל	ש	ן	א	ש	ר
ו	נ	ב	ר	ה	ש	מ	ת	ר	פ	ם	צ	מ	ק	ק	מ

כנימה
דבורה
חגב
ציקדה
פרת משה רבנו
חיפושית
עש
פרפר
נמלה
זחל

שפירית
ארבה
גמל שלמה
פרעוש
מקק
טרמיט
תולעת
צרעה
יתוש

42 - Fisica

צ	ת	א	ת	ן	צ	פ	ף	ד	נ	ם	ף	ג	ת	נ	ל
ר	א	ע	ד	ל	ע	ש	ף	ע	ר	א	ח	ר	ב	ף	ת
ף	ו	מ	י	ג	צ	ל	ק	ל	פ	ג	א	ע	ט	פ	ט
ל	צ	ש	ר	א	ו	נ	י	ב	ר	ס	ל	י	ע	ח	ם
צ	ה	כ	ו	נ	פ	מ	ק	ש	ב	מ	ן	נ	א	א	ב
ס	ע	א	ת	ה	כ	מ	ל	ד	נ	ל	כ	י	ל	ח	ש
מ	ג	ו	ם	נ	כ	צ	ח	ו	ד	מ	ד	ק	כ	ר	כ
ג	ם	ס	י	ת	ט	פ	ע	ח	ה	ן	ט	ח	ר	ן	י
נ	פ	ק	ת	ש	ה	י	ג	ח	ל	ר	ל	א	ה	ף	מ
ט	ה	ע	ל	מ	ל	פ	ג	פ	ו	ש	ר	ן	ח	כ	י
י	ב	מ	ה	י	ר	ו	ת	ן	ק	ת	ג	ם	ו	ט	א
ו	ח	י	ח	ס	ו	ת	נ	מ	ל	ה	ן	א	ש	ר	ד
ת	ר	ב	ס	ש	ה	ע	ע	ם	ו	ד	ף	ט	מ	ד	ר
ש	ה	ד	ו	פ	ם	ן	ר	ן	מ	ס	ם	כ	ג	ז	ג
ף	ה	ף	נ	ם	ב	מ	ס	ב	ם	צ	ע	א	כ	א	ש
כ	ם	ה	ן	ן	ח	פ	ס	ה	כ	ן	פ	מ	ג	ע	ר

תאוצה
אטום
כאוס
כימי
צפיפות
אלקטרון
הרחבה
נוסחה
תדירות
גז

מגנטיות
מכניקה
מולקולה
מנוע
גרעיני
חלקיק
יחסות
אוניברסלי
משתנה
מהירות

43 - Agronomia

ס	ם	ב	ס	מ	ד	ש	ן	ד	ב	מ	ה	ג	צ	ר	פ
ע	ה	כ	ר	ן	ע	ד	מ	ח	ע	ע	ה	ף	ג	ז	צ
ל	א	ם	ה	ק	ה	ר	ר	ב	א	נ	ם	צ	ש	י	ל
מ	ח	ק	ר	כ	י	ח	כ	נ	ה	א	צ	ש	ח	ה	ה
ם	ף	נ	ע	ף	ג	י	ן	ו	ז	מ	ל	ע	י	ו	ע
ד	נ	ד	פ	ן	ר	נ	מ	ת	ת	מ	י	ם	ק	ם	פ
ש	א	ס	ס	ד	נ	ג	צ	א	ו	כ	ס	ד	ה	י	ם
מ	ף	ב	ב	ס	א	ר	א	נ	ל	ח	נ	ט	ש	ע	ש
ס	ה	י	ג	ו	ל	ו	ק	א	ח	צ	ה	כ	ן	ר	נ
ג	צ	ב	ס	פ	ת	א	צ	ר	מ	ג	ח	ם	פ	ז	ף
ד	ג	ה	ט	ב	ט	ה	ת	ד	צ	ף	מ	מ	ש	ר	ג
ש	ג	ק	מ	ז	י	ה	ו	י	א	ד	מ	ה	ת	ש	י
ת	ן	פ	ע	ת	ג	ד	א	ח	ף	ד	ד	ה	ח	ש	נ
ט	נ	ה	ע	ב	פ	ח	ל	צ	א	נ	ד	ן	פ	ל	נ
ש	ה	צ	ש	ת	ן	א	ק	ב	ב	ה	ף	מ	נ	ט	צ
פ	א	ג	ח	ב	ט	פ	ח	כ	ר	מ	ד	ן	ם	כ	כ

מים
חקלאות
סביבה
מזון
אקולוגיה
אנרגיה
שחיקה
דשן
זיהוי
זיהום

מחלות
אורגני
הפקה
כפרי
מדע
זרעים
מערכות
בר קיימא
מחקר
אדמה

44 - Erboristeria

ן	ס	ת	ס	ף	ב	ס	מ	ת	צ	א	ת	נ	נ	ת	ת
מ	פ	ל	מ	כ	ב	ד	ד	ב	מ	ו	ש	ם	כ	ב	ן
מ	ג	ל	ג	ח	ב	נ	נ	נ	ן	ר	ו	י	מ	מ	ה
ם	א	ם	ע	כ	ש	ע	צ	ג	ר	ג	פ	ר	ע	ם	מ
ר	נ	פ	ם	ה	נ	ש	ה	ג	ה	נ	ח	ס	ת	ב	ד
מ	ב	ט	ט	ס	פ	ע	מ	ן	ג	ו	נ	ל	ת	ס	צ
ם	ף	ש	ח	ר	ש	ה	ת	י	ר	נ	י	ל	ו	ק	ף
פ	ח	א	ש	פ	ו	ד	צ	מ	ר	ף	ט	פ	כ	ה	פ
מ	ר	כ	י	ב	ע	ז	ה	י	מ	ר	מ	ח	י	ד	ח
ה	ד	ת	ג	ש	ף	א	י	ט	י	ר	ו	ק	א	ע	א
ה	פ	ה	ח	ו	ן	ם	פ	ל	נ	א	ר	ס	ל	ג	ל
ח	ס	נ	פ	מ	ר	י	ח	ן	י	מ	א	ע	ע	צ	ע
צ	ח	ג	ג	ר	ד	ע	פ	ו	מ	ה	ז	ע	פ	ר	ן
צ	פ	ח	ע	מ	נ	ר	ת	ג	ח	ד	א	ג	ג	ם	ף
ש	ר	נ	ר	ה	ב	ן	י	ר	מ	ז	ו	ר	ש	ו	ם
ף	כ	פ	ר	ח	ל	ג	ת	ט	נ	ב	ש	ף	ש	ט	ם

לבנדר
מיורן
מנטה
אורגנו
פטרוזיליה
איכות
רוזמרין
טימין
ירוק
זעפרן

שום
שמיר
ארומטי
ריחן
קולינרי
טרגון
שומר
פרח
גן
מרכיב

45 - Biologia

מ	ט	ף	מ	מ	צ	ר	ר	י	ש	ל	ת	ט	מ	פ	כ
נ	ם	ס	מ	צ	ש	ד	ו	ה	י	צ	ו	ל	ו	ב	א
א	כ	ף	ש	מ	מ	נ	ב	ר	נ	ת	ה	א	ה	ג	ר
נ	ט	ף	ב	ז	ק	ה	ז	ת	נ	י	ס	ו	ט	ו	פ
ז	ן	ה	ס	ו	ה	ב	ל	מ	ם	ב	כ	ט	נ	ס	ג
י	פ	ל	ה	ח	ם	ן	ה	ב	ח	ר	נ	מ	ט	פ	פ
ם	ש	ן	ט	ל	ה	פ	ף	א	ו	ס	מ	ו	ז	ה	ר
א	ם	י	ק	ד	י	י	ח	מ	ה	ף	ס	ט	ע	ע	ח
ר	ן	א	ה	ו	ר	מ	ו	ן	ג	מ	ח	צ	ה	ו	ק
ש	ע	ש	פ	צ	ן	ז	ט	ת	ן	מ	ט	י	ב	ב	ו
ת	ם	ש	ט	ת	ו	א	נ	ט	ו	מ	י	ה	א	ר	ל
מ	ג	נ	ט	ם	ה	ע	ל	ח	ר	ט	נ	ם	ת	ן	ג
ם	נ	ה	ה	ז	ו	י	ב	מ	י	ס	ח	ל	ב	ו	ן
נ	כ	נ	פ	פ	ש	ב	פ	ש	ו	צ	ט	ש	צ	ע	ן
פ	ה	ס	פ	נ	י	ס	ת	ב	נ	ט	ם	י	ע	ב	ט
ר	ח	ה	ן	ד	ב	ה	א	ל	ע	ל	ל	ל	ע	ג	ד

מוטציה
טבעי
עצב
נוירון
הורמון
אוסמוזה
חלבון
זוחל
סימביוזה
סינפסה

אנטומיה
חיידקים
תא
קולגן
כרומוזום
עובר
אנזים
אבולוציה
פוטוסינתזה
יונק

46 - Attività Commerciale

ע	ט	ר	כ	ת	ו	נ	ח	ם	ח	מ	ה	ד	ט	ב	א
ן	כ	ן	ב	ה	פ	ט	ו	ב	ע	ע	ש	ם	ד	א	ף
ל	ם	א	נ	ם	ע	ת	ו	כ	ג	ס	ד	ה	ח	נ	ה
ל	ת	נ	ם	ע	ח	ב	ר	ה	ד	י	א	ר	ם	ח	ם
ט	ג	ט	כ	ר	ג	ע	ף	ה	ת	ק	ל	י	ש	ם	ת
מ	כ	ר	ב	פ	ה	ן	כ	ט	ל	ג	ר	כ	ת	ר	ס
ל	מ	ן	ם	פ	ה	ם	צ	ש	ה	ד	ם	מ	ן	ף	ף
ע	ב	ג	ב	מ	ש	ס	ר	ב	ש	ת	ו	ל	ע	ר	ס
כ	פ	מ	ל	ב	מ	ע	ב	ט	מ	ת	ף	ח	ר	ח	ב
ח	ר	ט	ח	י	פ	מ	ס	ד	מ	צ	ח	ר	ו	מ	צ
ע	פ	ס	מ	צ	כ	ש	ע	ר	צ	ה	ר	ר	פ	ד	ר
נ	כ	ו	ס	ק	ב	ע	ה	ש	ק	ע	ה	ע	א	ן	ה
ט	ן	ן	ט	ת	ר	מ	ס	מ	ח	ט	ל	ד	ב	ו	ע
ח	פ	ר	ש	נ	ט	ם	נ	ג	ף	ל	ד	ד	ח	א	ם
ע	ס	ק	ה	ל	כ	ל	כ	צ	ט	ל	מ	ג	צ	ש	ד
ם	ש	ק	ר	י	י	ר	ה	מ	ת	ף	ד	כ	ת	ת	ג

חנות
רווח
הכנסה
הנחה
חברה
כסף
עסקה
משרד
מטבע
מכירה

תקציב
קריירה
עלות
מעסיק
עובד
כלכלה
מפעל
מימון
השקעה
סחורה

47 - Fiori

י	נ	ו	ע	ב	צ	ב	ח	ש	נ	א	ט	פ	ה	ח	ף
ת	ר	ת	ו	כ	י	ל	ע	י	ס	מ	י	ן	ת	מ	ב
ם	ק	ז	ד	ט	ד	ח	ד	ר	ד	פ	פ	ש	ע	נ	מ
א	י	ה	מ	ע	ע	ס	ע	א	י	ר	ף	ו	ל	י	נ
א	ס	מ	ג	נ	ו	ל	י	ה	י	ב	ב	ש	ב	ת	ע
ן	צ	ר	ס	נ	א	ג	ף	ן	ז	ת	ד	ש	נ	נ	ד
ש	צ	א	ב	ף	ת	צ	ל	ש	י	מ	ל	כ	ד	ה	ד
מ	ר	א	פ	ת	כ	מ	פ	ח	צ	ב	ת	י	ר	ח	ן
פ	ס	י	פ	ל	ו	ר	ה	א	ש	ן	מ	ג	ל	צ	ח
ט	כ	א	כ	ד	ג	ו	כ	ט	ד	ל	ף	ד	ר	ך	ף
ר	ע	ע	ס	ב	פ	ר	פ	ה	נ	מ	ב	ט	ב	ת	נ
נ	מ	ש	ע	ס	ב	ד	ם	ן	ן	ן	ו	ס	ב	ל	כ
פ	ר	ג	ה	י	ב	י	ס	ק	ו	ס	צ	נ	פ	ת	ה
ס	ח	נ	ש	מ	ג	ם	כ	צ	ג	ג	צ	נ	י	ן	ד
ד	ם	ש	נ	פ	נ	ת	פ	ע	ש	ח	מ	ש	ר	ת	ת
ף	ה	ת	פ	ג	ר	ד	נ	י	ה	ף	ר	נ	כ	ג	פ

זר
נרקיס
סחלב
פרג
פסיפלורה
אדמונית
עלי כותרת
ורד
תלתן
צבעוני

שן הארי
גרדניה
יסמין
שושן
חמנית
היביסקוס
לבנדר
לילך
מגנוליה
דייזי

48 - Filantropia

נ	ר	ם	ת	ט	ב	ס	ט	כ	א	ף	ט	ת	ל	ף	כ
ו	ע	ד	צ	ש	מ	ל	ה	ף	ת	ו	י	נ	כ	ו	ת
ע	כ	ד	ע	ה	א	נ	ד	ע	ג	ם	כ	ד	ט	ה	מ
ר	ק	ל	ם	ם	כ	ן	ה	ח	ר	ש	ו	י	צ	ר	מ
צ	ב	צ	ל	צ	ס	כ	ה	ה	י	ר	ו	ט	ס	י	ה
י	ו	א	ג	כ	פ	ן	ן	ה	ם	י	ש	נ	א	מ	ל
ב	צ	ש	ם	ד	י	א	כ	ב	ס	ע	ח	י	ד	צ	י
ו	ו	ת	ע	צ	ם	ה	ל	ת	ב	א	ן	ל	ן	ו	ה
ר	ת	ו	ר	ט	מ	מ	י	מ	ו	ן	ל	ד	ל	ר	ק
ג	נ	ג	ש	ט	ת	ש	ר	פ	א	ש	ט	י	פ	ך	פ
פ	כ	ף	נ	ד	י	ב	ו	ת	נ	ת	ו	ם	ג	ב	ן
ב	ג	ש	נ	ב	ט	ח	פ	ג	ש	ה	פ	נ	פ	פ	נ
צ	ד	ק	ה	מ	י	ש	מ	ע	י	ג	א	נ	א	צ	ם
ט	ג	ן	ח	ן	ל	ע	צ	ס	ק	ת	ן	ת	צ	ה	ף
ת	צ	ן	ף	ר	צ	ל	ת	נ	ש	ף	ף	ט	פ	ן	ב
מ	ד	ב	כ	מ	ף	ח	ש	ב	ר	ד	ט	ם	צ	ל	ת

ילדים
צורך
צדקה
קהילה
אנשי קשר
מימון
כספים
נדיבות
נוער
קבוצות

משימה
מטרות
יושר
אנשים
תוכניות
ציבור
אתגרים
היסטוריה
האנושות

49 - Discipline Scientifiche

א	ס	ת	נ	מ	כ	נ	י	ק	ה	ק	י	נ	ט	ו	ב
י	ו	ר	ו	ד	ר	ע	ע	ג	ה	ש	ג	ם	ד	ח	י
מ	צ	מ	י	צ	א	ף	א	ב	י	ט	ן	ג	נ	ת	ו
ו	י	ו	ר	ס	א	ד	ל	ב	ג	ג	נ	כ	ף	כ	ל
נ	ו	ד	ו	ה	י	ג	ו	ל	ו	ר	ו	א	ט	מ	ו
ו	ל	י	ל	פ	ה	י	ג	ו	ל	ו	א	ב	ר	א	ג
ל	ו	נ	ו	ה	י	ג	ו	ל	ו	ק	א	א	נ	א	י
ו	ג	מ	ג	ר	ג	ז	ם	ת	א	ע	ח	נ	ס	ס	ה
ג	י	י	י	ט	ו	ח	י	ת	י	ח	מ	ט	ר	ט	י
י	ה	ק	ה	ש	ל	ת	ת	ו	ג	נ	ל	ו	ט	ר	ג
ה	ם	ה	ג	מ	ר	ת	צ	נ	ל	ם	ם	מ	ע	ו	ו
ט	ב	ל	ף	ר	נ	ט	ן	ש	פ	ו	ר	י	א	נ	ל
כ	י	מ	י	ה	י	ן	ט	ל	ר	ג	ג	ה	ב	ו	ו
ף	ם	ח	ף	ד	מ	ס	ה	ב	ב	ם	ת	י	א	מ	א
ב	י	ו	כ	י	מ	י	ה	צ	ח	ג	ל	כ	ה	י	ו
ף	כ	ף	צ	פ	ס	י	כ	ו	ל	ו	ג	י	ה	ה	ז

אנטומיה
ארכאולוגיה
אסטרונומיה
ביוכימיה
ביולוגיה
בוטניקה
כימיה
אקולוגיה
פיזיולוגיה
גיאולוגיה

אימונולוגיה
בלשנות
מכניקה
מטאורולוגיה
מינרלוגיה
נוירולוגיה
פסיכולוגיה
סוציולוגיה
תרמודינמיקה
זואולוגיה

50 - Scienza

א	פ	א	כ	ה	מ	ט	ר	ם	פ	א	ם	ב	ג	ד	ג
ש	ב	ס	ד	ג	א	ב	ם	ם	י	ל	ר	נ	י	מ	ת
ש	ם	ו	ט	א	ו	ע	פ	י	ז	ח	ה	ף	מ	ף	ם
ר	י	ש	ל	צ	ב	ם	ח	ק	י	ט	מ	ש	י	ן	ע
ל	ל	ט	ן	ו	ן	ה	ט	י	ק	ף	צ	צ	כ	ע	ח
ט	ק	ד	ה	ם	צ	ף	ח	ק	ה	ד	ב	ע	מ	ל	א
ה	א	ה	נ	ח	ה	י	ן	ל	ן	ג	כ	ה	ס	ח	צ
ר	ע	ב	ש	ם	צ	ב	ה	ח	ג	ד	א	ת	צ	א	ט
א	ו	ר	ג	נ	י	ז	ם	מ	ו	ל	ו	ק	ל	ו	ת
ר	ס	ל	ר	ח	ה	נ	ם	ן	א	ר	נ	ס	ע	נ	נ
ם	נ	ל	ש	ה	ס	ב	א	ף	ף	ח	ה	א	ת	ב	ש
ב	נ	י	ס	ו	י	ף	ן	ר	א	ה	פ	נ	נ	ד	ם
ג	א	מ	ה	ב	צ	ע	ע	ו	ב	ד	ה	ג	ט	ב	ם
ס	ר	א	ב	ם	ה	ח	ד	ן	ס	מ	ש	ד	ט	ר	ס
ם	ט	ס	ם	ף	ס	פ	מ	ן	ד	א	מ	ד	פ	צ	ר
ת	נ	ת	ו	נ	י	ם	ה	ף	ב	פ	ש	ב	ד	ן	ש

אטום
כימי
אקלים
נתונים
ניסוי
אבולוציה
עובדה
פיזיקה
מאובן
הנחה

מעבדה
שיטה
מינרלים
מולקולות
טבע
אורגניזם
חלקיקים
צמחים
מדען

51 - Imbarcazioni

א	ס	ר	ל	ר	ם	ע	ג	ה	ס	ח	ה	ב	ת	נ	פ
ת	ט	א	א	נ	ש	פ	א	ם	ל	פ	ף	א	ס	ג	ס
ת	ם	ל	מ	ט	ה	ד	ו	ס	פ	ר	ע	ת	ה	כ	ג
ג	צ	ש	כ	ם	ת	ם	ת	צ	כ	ק	ח	ר	ן	פ	ת
ן	ח	א	מ	מ	ע	ר	ס	נ	י	א	כ	ט	ה	ת	ל
ג	ל	י	ם	ק	א	נ	ו	פ	כ	י	ם	ט	ב	נ	א
ף	ף	ר	י	ג	ף	ת	נ	ב	ת	ק	ן	א	ת	א	ס
ג	ח	ח	ה	ח	א	ת	י	ש	ר	פ	מ	ל	ל	כ	ר
י	ל	ד	ר	ס	ב	ו	י	ר	ו	ת	צ	ע	ת	ן	ש
פ	מ	ף	ר	ן	ר	ו	ק	ד	ב	ע	ו	נ	מ	ם	ה
ע	פ	י	צ	ב	פ	ו	צ	פ	ע	ט	ף	ת	ע	ש	ט
ח	ב	ל	א	ס	ר	ת	א	א	מ	ר	ל	ע	פ	פ	צ
ל	ט	ף	צ	ת	א	ד	ש	ג	ס	ף	ן	ע	כ	ד	ח
ר	ס	ת	ת	ע	א	ר	נ	ם	ח	ט	ב	ר	מ	א	ח
ה	מ	ב	פ	ב	ת	צ	ר	ח	כ	ג	ס	א	ת	נ	ם
ס	ת	ו	ר	ן	ג	ו	ע	ן	ט	מ	ס	צ	ן	ח	ה

ים
גאות
מלח
מנוע
ימי
אוקיינוס
גלים
מעבורת
יאכטה
רפסודה

תורן
עוגן
מפרשית
מצוף
קאנו
חבל
צוות
נהר
קיאק
אגם

52 - Chimica

י	ם	א	ה	ת	א	ה	ס	פ	ג	ל	ש	ן	ת	נ	ס
נ	ו	ה	נ	ט	כ	ב	ת	כ	ן	ט	ש	פ	ת	ג	ש
ג	ח	ן	ו	א	ס	א	כ	ם	א	ע	מ	פ	ז	כ	מ
ר	ב	מ	ז	ח	נ	ט	כ	ש	ג	ה	ס	ם	א	ר	צ
ו	ס	ח	ל	צ	ל	ז	ל	ג	ת	ש	ם	צ	ת	ג	ז
א	ע	פ	ק	נ	ת	צ	י	מ	ו	ט	א	ש	ס	ג	ל
פ	ס	ס	ש	ד	פ	נ	ר	ם	פ	ת	א	ת	ל	א	ס
מ	ל	ח	מ	ן	ף	ש	ר	ש	ל	ס	ח	ג	ם	ע	מ
ש	ד	ר	ן	ם	ן	צ	מ	ח	ה	ב	ש	ש	ה	ף	ף
מ	י	מ	ן	נ	ו	ל	ו	ג	ר	ע	י	נ	י	ס	ב
ל	א	מ	ם	פ	ר	ו	ל	כ	ו	צ	ת	כ	ת	נ	מ
ג	ת	מ	ר	ד	ט	מ	ק	א	ט	ט	ם	צ	ם	ה	ן
ח	ד	צ	א	ן	ק	פ	ו	ג	ר	נ	ן	מ	ן	מ	ע
פ	פ	ן	י	י	ל	ק	ל	א	פ	ר	א	פ	מ	כ	א
ת	ה	ה	ג	ע	א	א	ה	צ	מ	ו	ח	ט	צ	ר	ת
ל	א	פ	ז	כ	פ	כ	ף	ם	ט	ן	ל	ב	ף	ש	ף

חומצה
אלקליין
אטומי
חום
פחמן
זרז
כלור
אלקטרון
אנזים
גז

מימן
יון
נוזל
מולקולה
גרעיני
אורגני
חמצן
משקל
מלח
טמפרטורה

53 - Strumenti Musicali

ב	י	נ	ו	ר	ג	ט	מ	ב	כ	מ	ף	ע	ם	ג	ח
ן	ם	ט	ל	א	י	צ	פ	ו	ס	ף	ג	ו	נ	ג	ש
ן	ל	ר	צ	ב	ט	פ	ו	ב	כ	ו	ר	ג	ס	ב	ל
כ	ש	ח	ל	כ	ר	ת	ח	א	ת	ף	ן	נ	ת	פ	ס
ם	ת	ם	ף	ש	ה	ב	י	ן	ט	כ	ע	ב	ג	ל	ס
ב	ל	א	צ	ד	ד	ט	ת	א	ש	ר	ף	ו	ת	ג	צ
מ	ד	ע	ם	כ	מ	כ	ח	א	ח	ף	ו	ם	ע	ף	ם
ר	ת	ב	ה	ד	ש	ח	ר	ס	ט	ר	פ	מ	ן	ן	פ
י	ו	ע	ר	ח	א	ה	ל	ב	נ	ד	י	נ	ב	ן	ר
מ	ף	ר	ל	ס	ב	א	ד	י	פ	א	ת	ס	כ	ו	ב
ב	מ	מ	פ	כ	ק	ל	ש	ל	ל	נ	ת	ס	נ	פ	ן
ה	ר	ה	פ	מ	ל	ר	ב	כ	ת	ת	ו	פ	פ	ו	נ
ה	י	א	ם	ח	ר	ד	פ	א	ל	ע	ל	ר	ה	ס	ב
ס	ם	צ	ד	פ	י	פ	ס	נ	ת	ר	ק	ש	מ	ק	פ
ג	ל	ם	פ	ה	נ	י	ל	ו	ד	נ	מ	ף	ג	ס	ב
ד	פ	ף	ה	צ	ט	ח	צ	ו	צ	ר	ה	ה	צ	מ	כ

מרימבה
אבוב
פסנתר
סקסופון
תוף מרים
תוף
חצוצרה
טרומבון
כינור
צ'לו

מפוחית
נבל
מקלות תיפוף
בנג'ו
גיטרה
קלרינט
בסון
חליל
גונג
מנדולינה

54 - Professioni #2

ן	ס	נ	ד	כ	י	ע	מ	א	ה	ב	ל	ל	ח	ן	ר
ף	ג	ו	ל	ו	א	ו	ז	נ	ב	כ	ל	ב	ו	ר	ג
צ	ד	צ	מ	מ	נ	ת	ח	ה	ל	ג	כ	ש	ק	ס	צ
ת	צ	י	י	ר	ו	ע	ש	ג	ף	ף	ג	נ	ר	ב	כ
נ	צ	ד	א	צ	ת	ט	ח	ם	כ	כ	א	צ	י	ס	כ
ל	מ	פ	פ	ת	י	ר	ן	ן	ד	ש	ף	ע	י	ל	ע
פ	ג	ח	נ	ה	ע	צ	ע	ף	ף	ה	ר	ש	א	א	ש
ף	ה	ר	ר	ת	ל	ת	ן	ב	נ	ס	ע	ל	מ	ן	ד
ג	ף	כ	ן	ח	ש	ם	מ	ס	א	פ	ו	ר	מ	ה	ע
ב	ף	מ	מ	א	ת	מ	ח	ם	ד	ר	ס	ת	ן	ת	מ
י	ו	מ	ש	ה	ס	פ	ס	נ	ן	נ	ג	ר	ר	ת	ג
ו	ס	צ	ל	ר	נ	ד	ם	צ	פ	י	ס	ש	ף	ס	ס
ל	ו	י	ט	ו	כ	ד	ת	ל	ף	ת	ל	ם	פ	ד	ב
ו	ל	א	י	מ	נ	ש	ס	ם	ד	מ	ש	ט	ל	ן	ל
ג	י	ס	צ	ט	ו	א	נ	ו	ר	ט	ס	א	ח	ם	ש
א	פ	צ	ר	ו	פ	א	ש	י	נ	י	י	ם	כ	פ	ן

מאייר
מהנדס
מורה
ממציא
בלשן
רופא
טייס
צייר
חוקר
זואולוג

אסטרונאוט
ספרנית
ביולוג
מנתח
רופא שיניים
בלש
פילוסוף
צלם
גנן
עיתונאי

55 - Letteratura

צ	ד	ט	ל	ר	ר	א	נ	ל	ו	ג	י	ה	כ	פ	מ
ל	ע	צ	ל	ם	צ	א	ה	ס	ף	ל	ח	ף	ב	ף	ל
ס	ה	ל	ג	מ	ת	ס	ע	ר	א	ב	ט	ת	צ	ח	ח
א	ט	ת	ם	מ	ט	פ	ו	ר	ה	ה	ף	ף	נ	ה	ב
ט	ר	ג	ד	י	ה	א	צ	ד	ט	ם	צ	ג	כ	צ	ם
ע	נ	נ	פ	נ	צ	ג	ע	ה	ש	ו	ו	א	ה	כ	ם
ן	ר	ו	א	י	ת	ע	ג	י	ש	כ	מ	ר	ג	ח	ס
צ	נ	כ	נ	ד	ל	ס	צ	פ	ב	י	ט	א	ו	פ	ג
ן	א	ע	ת	כ	ד	ח	ח	ר	נ	ס	ג	ל	ל	ר	ה
ה	ז	כ	ג	נ	ה	ר	כ	ג	ב	ג	ד	ר	א	ש	צ
ש	מ	ל	ש	ף	ו	כ	נ	ו	צ	ח	ו	ת	י	נ	נ
ד	ה	ה	ל	י	ף	ש	ע	י	ק	מ	מ	ס	ד	ד	ב
פ	ע	ט	ף	א	ר	צ	א	ב	ב	נ	ר	ג	כ	ח	צ
מ	ר	ו	מ	ן	א	נ	ק	ד	ו	ט	ה	נ	ח	ר	ש
ג	ש	ם	ב	כ	ג	א	ם	ל	פ	ע	ד	ו	ף	ו	ף
ג	ד	נ	ת	צ	ד	נ	א	ד	ש	ר	ן	ן	נ	ז	ס

ניתוח
אנלוגיה
אנקדוטה
מחבר
ביוגרפיה
סיכום
השוואה
תיאור
דיאלוג
ז'אנר

מטפורה
דעה
שיר
פואטי
חרוז
קצב
רומן
סגנון
ערכת נושא
טרגדיה

56 - Cibo #2

ף	ם	א	ח	ט	ר	ו	ג	ו	י	ב	כ	ע	ן	מ	נ
ח	ס	ת	ג	ש	ע	א	ב	ב	פ	ס	ס	ה	ף	ד	ח
פ	ת	ס	ן	ף	צ	ר	י	נ	ר	ש	א	ם	ש	ן	ן
ן	ט	פ	מ	ם	ם	ל	נ	ט	ב	ן	כ	ד	ו	מ	ג
ח	ב	ר	ם	ח	ח	ר	ה	ט	ד	ם	ב	ג	ק	ף	ט
ח	ר	ט	י	ל	ה	ס	ר	צ	ד	ד	ס	ס	ו	ג	ם
ב	נ	נ	ה	י	ת	ע	ף	ח	י	מ	נ	מ	ל	ש	ב
ח	ח	א	ג	צ	ה	ג	ס	ם	ח	ב	פ	ט	ד	ס	פ
צ	ה	ט	י	ח	ן	ב	ף	ה	ס	ס	ן	ס	ד	מ	ב
ד	ר	ה	ל	ם	ג	נ	מ	כ	ח	ן	ש	נ	א	ר	ע
ו	ל	ע	ו	ף	ף	י	ב	א	ד	מ	ן	ד	ט	ף	ס
ב	כ	י	ק	ף	מ	י	ד	ן	ג	ד	ג	פ	ם	ן	נ
ד	ע	ח	ו	פ	ת	ה	פ	ח	ת	ף	נ	ס	מ	ש	ש
ב	א	ז	ר	ו	א	ח	ס	א	ף	א	ת	ל	ם	צ	ם
ן	פ	ג	ב	ת	י	ר	כ	צ	נ	ג	ל	ר	ף	נ	ן
ל	ג	ר	ר	ן	ס	ק	א	ס	פ	ן	נ	י	ש	ר	ג

לחם
דג
עוף
עגבנייה
חם
אורז
סלרי
ביצה
גפן
יוגורט

בננה
ברוקולי
דובדבן
שוקולד
גבינה
פטרייה
חיטה
קיווי
תפוח
חציל

57 - Nutrizione

מ	מ	ש	מ	ר	ג	נ	ת	ע	ן	ל	ע	ת	ס	ת	ם
ס	נ	ן	ז	ו	א	מ	ו	ן	ל	ה	ח	ב	ב	ס	מ
ע	כ	א	י	ר	ב	ל	כ	ז	נ	ד	ת	ל	מ	י	ש
ג	ת	ע	ן	ו	ב	א	י	ת	ל	ם	צ	י	ן	ס	ק
ן	ו	פ	ב	ל	י	כ	א	ו	ו	י	פ	נ	ס	ה	ל
ש	א	ף	ט	ת	ע	ל	ש	י	ר	מ	ם	י	ר	ט	צ
ע	י	כ	ו	ל	צ	ר	נ	ר	כ	ח	י	ם	ת	א	ף
מ	ר	ם	ר	ד	ר	י	פ	ו	ח	כ	נ	מ	ף	י	ם
ה	ב	ל	ף	פ	פ	ר	נ	ל	ר	ת	ו	ח	ח	ד	צ
ו	י	ט	מ	י	ן	מ	ה	ק	ל	ת	ב	מ	ד	פ	ר
ן	ל	ג	א	ג	ם	ש	ל	ל	כ	ל	ל	ת	ה	ף	ר
ר	ח	ג	ט	ף	ש	ג	ר	ד	כ	ע	ח	צ	ט	ט	צ
ע	כ	פ	ף	ג	ד	מ	כ	ה	ן	ד	צ	ב	ד	ת	ת
ן	ם	א	ע	כ	צ	א	ש	ן	ה	ט	ן	ב	מ	צ	ט
ר	נ	ה	ח	ת	ה	ח	צ	ל	ל	ב	ע	ה	ט	ר	ט
ה	ג	ר	ל	ג	ן	ג	מ	ע	א	נ	ב	ט	א	ש	ת

מריר
תיאבון
מאוזן
קלוריות
פחמימות
אכיל
דיאטה
עיכול
תסיסה
נוזלים

מזין
משקל
חלבונים
איכות
רוטב
בריאות
בריא
תבלינים
רעלן
ויטמין

58 - Matematica

מ	ר	י	ס	ג	ת	ש	מ	צ	ח	ם	ס	צ	ה	ח	מ
ה	ש	נ	ם	י	ר	פ	ס	מ	ש	ש	מ	ש	י	ף	ק
ב	ם	ו	כ	ס	מ	ט	ם	ת	ף	ף	ב	ט	ק	ח	ב
ה	ת	ר	ל	ע	ר	ט	מ	ל	ב	ן	ל	ו	ף	ר	י
א	ס	ש	י	ש	ל	ה	ר	כ	י	כ	צ	ע	ן	ף	ל
ג	כ	ע	ב	ת	ג	פ	ך	י	ר	ע	מ	ג	ל	ט	י
מ	ר	ל	ק	פ	ח	ד	כ	ז	ה	א	ו	ו	ש	מ	ת
ם	ת	ו	מ	פ	פ	ד	ש	ו	י	ק	ו	ט	ר	ם	ט
א	ל	צ	כ	ש	ד	ה	ט	ו	ר	ב	ש	נ	ת	ר	כ
פ	ח	מ	נ	ד	ס	ף	ח	י	ט	ח	ס	ת	ט	ע	ם
ד	צ	ט	ם	ל	ה	ג	א	ו	מ	נ	ד	ע	פ	ט	ה
ט	ם	ף	ף	מ	ח	ת	ד	ת	ו	ל	ע	מ	ס	ה	ח
ת	ע	ס	ף	צ	ח	ם	ע	ט	א	ע	ן	ח	ע	ת	ן
ע	ע	ט	ל	מ	כ	ע	ד	ס	ג	ב	ס	ת	ד	ה	ד
פ	ב	ה	ע	ף	ר	ה	כ	ה	ב	ה	ף	פ	ר	ע	ע
ב	ט	כ	נ	פ	ח	ש	ע	ן	ט	ת	ל	ע	כ	פ	פ

מקביל
מקבילית
היקף
מצולע
כיכר
מלבן
סימטריה
סכום
משולש
נפח

זוויות
חשבון
עשרוני
קוטר
משוואה
מעריך
שבר
גאומטריה
מעלות
מספרים

59 - Meditazione

ב	ת	ו	ש	ג	ר	ה	י	ן	א	ת	ם	ן	מ	ת	ט
ל	מ	ם	ד	ר	ן	ת	צ	ם	נ	נ	ם	ה	ח	ס	ד
ה	ל	מ	ח	נ	ר	ה	י	א	מ	ו	ח	ש	ש	ד	ת
ד	ה	א	ד	פ	ר	ע	ב	ו	ל	ע	א	ע	ב	ת	ש
ו	ע	ד	ע	ש	ן	ב	ה	ש	ב	ה	י	ר	ו	ת	ד
ת	ן	ט	כ	נ	ט	ן	ה	ר	ג	ל	י	ם	ת	ב	ב
ת	ה	ב	י	ט	ק	פ	ס	ר	פ	ב	ד	ן	ס	כ	ט
ר	כ	ס	ג	ה	ב	ת	ט	ה	ף	ק	ם	מ	ל	ע	ל
כ	ח	ח	ע	ג	ר	ר	נ	ט	כ	ט	ם	ה	ן	ם	ף
ה	ם	ת	ם	ט	ר	מ	ו	ז	י	ק	ה	ק	י	ת	ש
פ	ה	כ	ר	ג	ה	ט	נ	ת	ל	פ	ם	ה	ג	ר	ף
ן	ס	ר	ו	ס	ט	ט	צ	ר	ע	ף	מ	ע	פ	פ	ט
נ	ח	ע	ש	ב	ה	פ	נ	ח	ל	ס	ש	מ	צ	ר	ת
כ	פ	ב	ע	ן	ב	ש	ן	ש	צ	ע	ס	ס	פ	ס	ף
ם	ף	ט	ת	ס	ד	ס	ל	ד	ה	ל	ה	מ	ח	צ	ח
ף	צ	נ	נ	ש	ד	ב	צ	כ	ף	ט	ף	ר	ט	ר	ח

מוח
תנועה
מוזיקה
טבע
שלום
מחשבות
יציבה
פרספקטיבה
שתיקה
ער

הרגלים
קבלה
רגוע
בהירות
חמלה
רגשות
אושר
חסד
הכרת תודה
נפש

60 - Elettricità

מ	מ	ן	מ	א	ד	א	ה	ם	מ	ע	נ	מ	צ	ש	ן
צ	ח	נ	ם	ט	ו	ר	ן	ר	ב	ס	ה	נ	מ	ג	כ
ה	ם	ו	ו	צ	י	ב	ף	ף	ר	ס	ת	ו	מ	כ	ט
ם	ש	ש	ל	ר	צ	ש	י	ל	י	ל	ש	ת	פ	ת	א
נ	ע	כ	ב	ל	ה	כ	ל	י	ת	ד	ר	ל	ן	ס	ד
ש	ם	ב	ח	א	פ	ב	מ	ת	ק	ס	נ	כ	נ	ג	מ
א	ן	ב	ל	ל	מ	ל	ש	ט	ש	ט	ה	ג	ח	ן	א
ל	ת	ן	ה	ר	צ	ש	ח	ע	ע	ח	י	א	ש	ן	מ
ס	ו	ל	ל	ה	ט	ל	פ	ו	ן	י	ז	ם	מ	ס	פ
ל	ש	א	ג	ן	ח	מ	ף	צ	ו	ו	י	י	ל	פ	מ
מ	ה	ף	כ	ל	ב	נ	ף	כ	ס	ב	ו	ט	א	כ	נ
ל	י	י	ז	ר	נ	ן	כ	א	ח	י	ו	ו	י	ב	ת
נ	ן	ם	ד	מ	ג	נ	ט	ע	א	ל	ל	ח	פ	ח	ר
נ	ש	ע	נ	ת	ר	ם	מ	ל	ה	ש	ט	ד	ב	ד	כ
מ	ר	כ	ש	ק	ע	צ	ג	ם	ט	נ	ן	פ	ם	ל	ג
ם	ת	ג	ף	ס	ט	ח	ם	ס	מ	ר	ב	ד	ד	ה	ע

ציוד
סוללה
כבל
אחסון
חשמלאי
חשמלי
חוטים
מחולל
מנורה
לייזר

מגנט
שלילי
אובייקטים
חיובי
שקע
כמות
רשת
טלפון
טלוויזיה

61 - Antiquariato

א	ד	ד	מ	כ	י	ר	ה	פ	ו	מ	ב	י	ת	ח	ה
ו	ן	ן	ן	ט	ל	ד	א	כ	ס	ם	ט	ג	נ	ג	ט
ת	ו	כ	י	א	כ	כ	צ	ס	ג	ן	ס	ף	נ	צ	פ
נ	ע	ר	ך	מ	א	צ	ף	ב	נ	ב	ר	ב	ת	ר	ת
ט	ם	ג	ן	א	ח	פ	ם	ת	ו	נ	מ	א	נ	ה	ט
י	ד	ק	ו	ר	ט	י	ב	י	ן	ה	ש	ק	ע	ה	א
ן	ת	ס	א	ה	ח	צ	ן	א	ש	א	ב	ן	ד	ח	ן
א	ג	ד	ט	ה	ר	ע	ף	ש	י	ט	ת	ע	א	ע	ס
נ	ל	פ	א	מ	ט	ן	ח	ן	פ	ו	ד	א	צ	ו	י
ל	ר	מ	כ	כ	ן	ל	א	ב	ם	ר	ן	ט	ש	מ	ט
ב	י	ד	ט	א	ל	ג	נ	ט	י	ר	י	ח	מ	ת	א
ף	ה	פ	ה	ב	ר	ט	ש	ע	ר	י	נ	ט	ר	מ	ן
ס	א	ת	י	א	ע	א	ד	ט	ו	ה	ב	ע	ר	ע	נ
ם	מ	נ	ח	ס	ר	ו	ז	ח	ש	ו	פ	ס	פ	ש	צ
ח	ל	ר	ל	ד	ו	כ	ת	ט	ע	ט	ה	ף	ע	ע	מ
ת	כ	ר	ד	ן	ג	ל	ג	פ	א	ס	ס	ת	ל	ת	נ

אמנות
פריט
מכירה פומבית
אותנטי
עשורים
דקורטיבי
אלגנטי
גלריה
יוצא דופן
השקעה

ריהוט
מטבעות
מחיר
איכות
שחזור
פיסול
מאה
סגנון
ערך
ישן

62 - Escursionismo

ח	נ	ג	ה	נ	כ	א	צ	מ	מ	מ	כ	ה	מ	ף	צ
פ	א	ר	ק	י	ם	ב	ו	ש	ה	ר	ר	ש	ג	צ	פ
ג	נ	כ	ל	ג	ף	נ	ק	מ	ס	ת	כ	ר	פ	צ	ן
ד	ט	מ	ס	ת	ו	י	ח	ש	ן	ט	א	ג	י	ר	כ
א	י	ה	ב	ו	ל	ם	י	מ	מ	ג	נ	ף	י	ה	ה
ס	י	ג	צ	נ	ע	ס	א	ע	ד	ף	כ	ב	ם	ה	מ
ט	ה	ת	ר	כ	כ	ם	ר	נ	כ	נ	ע	ב	ה	ע	פ
ל	נ	פ	ר	ס	ש	ה	פ	ר	ב	פ	ק	ח	ג	ר	מ
ע	כ	ב	מ	ף	ה	ם	ל	פ	מ	מ	מ	ט	ס	ב	ר
ב	ה	נ	ח	נ	ד	ח	כ	פ	ד	ט	פ	ם	פ	ג	כ
א	ק	ל	י	ם	צ	נ	ן	ם	ר	ג	י	ל	ש	ש	ב
ט	פ	ן	מ	ה	ע	ף	ל	כ	י	פ	נ	ג	ף	ם	ל
ט	ס	ן	ר	צ	ן	כ	ב	ד	כ	ה	ג	ף	ס	כ	ן
ב	א	ת	ל	ף	א	ן	ע	ת	י	ר	ה	ל	מ	ב	פ
ע	ת	ד	ד	ס	נ	ח	פ	כ	ם	ל	ת	צ	ף	ב	ג
ס	ת	ף	ב	ד	ף	ט	נ	ב	פ	ם	ט	ף	ת	ח	ג

מים
חיות
קמפינג
אקלים
מדריכים
מפה
הר
טבע
נטייה
פארקים

סכנות
כבד
אבנים
הכנה
צוק
פראי
שמש
עייף
מגפיים
פסגה

63 - Professioni #1

ף	ד	צ	ס	ש	צ	ם	ף	ף	ד	א	ח	נ	ט	ד	ש
ט	ב	ס	ן	כ	מ	ו	ז	י	ק	א	י	א	מ	ן	ר
ד	ס	ב	ף	ל	ג	נ	ס	א	ט	ר	נ	ג	ף	ע	ב
ש	א	ר	ע	ם	ט	ו	ד	ק	ן	מ	מ	ח	פ	ד	ר
פ	ס	נ	ת	ר	ן	ר	ד	נ	ם	ת	ע	ד	ס	מ	ב
ר	ת	י	צ	ו	פ	ט	כ	ב	ף	ד	ע	ד	ן	ד	ם
ע	ש	ר	ן	מ	ח	ס	כ	ע	צ	ן	ס	ר	ף	ר	ת
ב	נ	ט	ס	צ	ר	א	נ	ף	ג	ו	ל	ו	א	י	ג
נ	ג	ו	ס	פ	ל	ן	כ	ף	ג	ע	א	ק	כ	ח	מ
צ	מ	כ	ל	ן	י	ד	ך	ר	ו	ע	פ	ח	ג	ר	מ
ל	מ	צ	פ	ר	ט	ק	ם	י	ל	כ	מ	ע	ן	ם	ג
ן	נ	ה	מ	ע	ו	ר	ך	ר	ו	מ	צ	ש	ש	ן	ב
ף	ר	מ	נ	א	ט	כ	ף	ג	כ	ף	ת	י	ס	כ	פ
פ	צ	פ	א	צ	מ	ת	כ	ש	י	ט	ן	ח	י	ג	ט
א	צ	ה	ט	ב	ב	ן	ע	ב	ס	ל	ב	א	ן	ד	ש
ק	ר	ט	ו	ג	ר	ף	ן	ל	פ	ס	ח	ט	ש	נ	ן

מאמן
שגריר
אמן
אסטרונום
עורך דין
רקדן
בנקאי
צייד
קרטוגרף
עורך

רוקח
גיאולוג
תכשיטן
שרברב
אחות
מוזיקאי
פסנתרן
פסיכולוג
מדען
וטרינר

64 - Antartide

ת	נ	ף	ש	י	מ	ו	ר	ם	מ	ש	ע	ט	ב	כ	ה
ר	ן	ט	ד	ד	ד	ב	ק	ה	ב	ר	ח	ן	כ	ג	ד
ד	ן	ם	ע	ר	כ	ג	ו	ה	ב	י	ב	ס	י	ר	ס
נ	כ	י	צ	ה	מ	ג	ח	צ	ם	מ	פ	ר	ץ	ו	ף
ל	ל	א	ס	כ	ב	ה	ם	ל	צ	ע	ה	ח	צ	ק	צ
ן	מ	ה	ן	ם	ע	ה	ר	ו	ט	ר	פ	מ	ט	י	ש
ל	י	י	ן	ב	נ	ד	ה	י	פ	ר	ג	ו	א	ג	ל
ס	נ	צ	ל	ף	נ	א	ה	ח	ס	ת	ן	מ	פ	ו	צ
ק	ר	ח	ו	נ	י	ם	ח	ן	ד	ם	ת	ן	ו	ם	ם
א	ל	ס	ס	כ	ם	ד	ל	ל	צ	ה	ס	י	מ	א	ע
י	י	מ	ש	ל	ח	ת	ש	ב	י	ה	י	ט	פ	ת	ט
י	ם	א	נ	ן	ד	כ	ח	ר	ק	ת	פ	פ	מ	ח	ר
ם	י	ר	ג	ר	צ	ה	פ	ע	נ	ת	פ	ע	ש	ף	ס
ד	מ	ב	ג	ן	ף	ם	כ	י	ע	נ	ל	ף	צ	כ	ט
ל	ם	ם	צ	ה	ף	ת	ם	מ	ר	ל	ל	ח	ף	ע	ח
כ	א	ג	פ	פ	ה	י	פ	ר	ג	ו	פ	ו	ט	ב	ש

הגירה
מינרלים
עננים
חצי האי
חוקר
רוקי
מדעי
משלחת
טמפרטורה
טופוגרפיה

מים
סביבה
מפרץ
לווייתנים
שימור
יבשת
גאוגרפיה
קרחונים
קרח
איים

65 - Libri

ה	ר	י	ש	נ	נ	ם	ד	פ	ל	ר	פ	ר	ר	ב	מ
ר	י	ט	ס	י	ר	ו	מ	ו	ה	ע	מ	ב	ו	ר	ף
ד	פ	ס	ל	כ	א	ר	א	ג	א	ר	ו	ק	מ	נ	ד
ס	א	ת	ט	ט	י	ט	נ	ו	ו	ל	ר	ף	ן	מ	ת
ף	ת	ה	צ	ו	ג	ר	כ	כ	ד	ת	י	ב	ע	ח	נ
ט	ן	א	ף	ר	ר	ע	ת	ס	ה	פ	מ	ו	ס	ב	ת
צ	ג	ף	ן	א	ט	י	ב	פ	ן	ד	נ	ל	ת	ר	ת
ה	ת	ע	מ	ד	ה	ן	ם	ה	ת	ע	פ	מ	ה	ם	ח
ק	ר	י	י	ן	ף	ג	ס	א	ג	ר	ף	ב	ק	ע	ף
ת	ש	כ	ת	ר	ט	ע	ת	מ	ד	פ	ח	ד	ש	ה	ט
פ	צ	ם	ל	ו	ן	ח	ע	צ	ת	ש	ח	ג	ר	ן	ת
ר	ל	נ	נ	ס	ר	ת	נ	פ	מ	ה	מ	צ	א	ה	ס
ה	ף	ס	א	ר	ב	פ	ר	ף	ס	כ	מ	פ	ל	ש	י
כ	ע	ט	ו	ת	ח	ג	ס	צ	נ	צ	פ	צ	פ	פ	פ
ב	פ	ב	ס	ג	ל	כ	נ	ר	ש	צ	ט	ן	צ	ג	ו
ע	ב	ח	ף	ד	ר	ח	מ	ת	ח	ע	א	ע	מ	צ	ר

מחבר
הרפתקה
אוסף
הקשר
דואליות
אפי
המצאה
ספרותית
קורא
קריין

דף
שירה
רלוונטי
רומן
נכתב
סדרה
סיפור
היסטורי
טרגי
הומוריסטי

66 - Geografia

פ	נ	ם	ד	פ	ע	ט	ר	כ	ג	כ	ט	ש	מ	כ	ט
ע	ח	ם	כ	צ	ר	ר	ע	א	ם	ג	א	ע	ח	ה	נ
צ	כ	מ	א	פ	ס	ס	ח	ח	כ	ה	נ	י	ד	מ	ע
פ	ב	א	ע	ס	מ	ן	ף	כ	מ	ם	י	א	ב	כ	ה
ו	ח	ף	א	ל	ה	ד	ן	ט	פ	ם	א	ל	ן	מ	ב
ן	מ	ה	ה	ת	ש	פ	ע	ר	ה	ב	ב	ף	י	ת	ו
ח	ש	ש	ה	ד	ן	ט	ה	ו	ה	ח	ט	ס	ף	צ	ג
ש	ר	ל	צ	ת	ה	נ	ר	ז	ר	ו	פ	ל	ת	ת	ש
ס	ן	א	י	ד	י	ר	מ	א	ו	ר	ך	ט	ד	ט	ג
ד	ר	ו	ם	ש	ן	ר	י	ע	ה	ו	ס	א	ד	ם	ן
צ	ת	ד	ל	פ	ף	ף	פ	ם	ת	ק	ס	ן	ע	ם	ן
א	ש	ע	ו	ס	צ	פ	פ	ט	ס	ם	ש	צ	ף	ע	ר
ב	ב	ר	ע	מ	ס	פ	ס	כ	פ	ע	פ	ב	ח	ט	ש
ס	י	ט	ט	ת	ב	ט	ד	ה	ת	צ	כ	מ	א	ה	ל
ח	ד	ב	ב	ף	ן	ן	צ	צ	נ	ח	ם	צ	ס	מ	ף
ל	נ	ת	ע	נ	ח	ס	ב	ר	א	ל	א	ס	ל	א	צ

ים
מרידיאן
עולם
הר
צפון
מערב
מדינה
אזור
דרום
שטח

גובה
אטלס
עיר
יבשת
המיספרה
נהר
אי
קו רוחב
אורך
מפה

67 - Cibo #1

ר	ד	ת	מ	ל	ח	מ	ח	א	צ	פ	מ	ג	ג	ש	ן
מ	ר	ה	נ	צ	ס	מ	ט	מ	ח	ם	ס	ם	ס	נ	ם
ף	א	ט	ן	ט	א	ם	ש	ו	ם	ג	ר	ג	ו	ש	ן
ן	נ	ל	ג	ח	ם	ג	ם	ד	ב	ל	ח	ב	כ	ל	מ
ר	ץ	ק	י	נ	מ	ו	ן	ח	ר	פ	נ	ש	ר	ע	ש
ז	י	ס	ר	ל	ס	כ	ג	ב	מ	ת	ל	ר	ע	ן	ע
ג	מ	ח	ד	ד	צ	ג	ד	ע	פ	ב	נ	ת	כ	ד	ו
ל	ר	פ	ן	מ	ר	ד	ש	ן	ט	כ	ם	ס	ל	ד	ר
א	ס	ף	ו	ח	ד	ח	ת	ר	ט	ט	ע	צ	פ	ת	ה
ע	ת	ם	מ	פ	ס	ה	צ	פ	ו	כ	א	ל	ש	ח	כ
ג	ב	פ	י	ס	ס	ף	ת	ף	נ	ש	ת	ף	ח	ח	ס
ר	מ	ן	ל	ש	ג	ל	צ	ב	ה	ף	ה	ר	ה	ד	ש
ל	נ	כ	ט	א	א	ג	ט	ד	ב	ה	ס	פ	ס	ל	צ
ה	ט	ן	מ	ס	צ	ת	א	ע	ו	ג	ה	פ	ן	ה	נ
ד	ה	ד	ש	ת	ו	ת	א	נ	ב	כ	ן	מ	מ	ב	ן
צ	כ	ע	כ	ס	א	ם	ן	ע	ש	ן	ן	כ	ג	צ	ט

מנטה
שעורה
אגס
לפת
מלח
תרד
מיץ
טונה
עוגה
סוכר

שום
ריחן
קינמון
בשר
גזר
בצל
תות שדה
סלט
חלב
לימון

68 - Etica

א	ם	פ	ר	ש	ו	י	ב	ט	נ	ח	ג	צ	מ	א	ל
פ	ל	מ	י	צ	ר	ב	א	ש	ד	ס	ח	נ	נ	ם	מ
ל	מ	ט	פ	ל	י	ד	ע	ם	י	כ	ר	ע	צ	ע	ם
ע	ס	ף	ר	ד	ו	ו	צ	כ	ב	ש	ן	ל	צ	פ	ש
ב	פ	ת	מ	ו	ב	ס	נ	ה	א	נ	ו	ש	ו	ת	ס
ד	ש	ט	נ	ב	א	ס	ו	ל	ת	ח	ח	ד	ב	ם	ב
ב	ח	ר	ם	כ	ט	י	נ	פ	י	ל	ל	א	ש	ל	ל
מ	ן	ט	ת	ר	ט	מ	ז	ח	י	ו	ט	ו	ת	ף	נ
פ	ע	ף	כ	פ	ט	צ	ב	ם	נ	ה	ת	פ	ר	נ	ו
ש	ס	מ	א	א	ג	צ	ם	ב	פ	ר	ו	ט	ח	צ	ת
ר	ח	מ	ל	ה	מ	כ	ו	ח	ס	ש	י	י	פ	ל	כ
ה	ה	ף	ט	ן	ם	כ	ש	ה	מ	ו	ש	מ	ן	א	ג
ס	ו	ב	ל	נ	ו	ת	מ	ג	ן	י	ע	י	ב	ס	ל
ש	י	ת	ו	ף	פ	ע	ו	ל	ה	ס	מ	ו	ף	ב	ס
ג	ב	צ	ל	נ	ף	ה	מ	ש	ש	פ	ם	ת	ג	י	כ
ד	י	פ	ל	ו	מ	ט	י	ס	ה	כ	צ	מ	ן	ר	ס

אלטרואיזם
נדיב
חמלה
שיתוף פעולה
כבוד
דיפלומטי
פילוסופיה
חסד
יושרה
יושר

אופטימיות
סבלנות
סביר
רציונליות
מעשיות
חוכמה
סובלנות
האנושות
ערכים

69 - Aeroplani

מ	ג	ת	ט	ג	ו	ב	ה	ת	י	ח	נ	ם	כ	א	א
י	א	ן	א	ח	ד	ר	י	ו	ח	ד	מ	ח	ג	ו	א
מ	ט	כ	ר	ם	ק	ש	ר	ו	ס	כ	ד	ד	ו	ג	ו
ן	ו	ד	ף	י	א	ן	ו	צ	ם	ל	א	י	ג	ל	ו
נ	ו	ס	ע	ה	ל	ג	ט	כ	כ	ת	ר	כ	ם	ס	י
כ	י	ו	ו	ן	ף	פ	ס	נ	ם	ב	ט	נ	ע	ד	ר
פ	נ	ע	נ	ו	ג	ט	י	ס	ג	ג	ן	ס	ע	ר	ה
מ	פ	פ	ת	ל	ף	פ	ה	ד	ל	ש	מ	ט	כ	כ	צ
ס	י	י	ט	ב	ס	ן	י	ר	ר	מ	ג	ת	מ	ט	ת
ס	פ	ה	ד	י	ר	י	י	מ	ח	ן	ט	ח	ק	ל	ד
ג	ח	ק	ה	ם	ם	צ	נ	ן	ס	ח	א	כ	א	ס	ת
ס	ח	ת	ל	ח	ן	ע	ב	ף	ח	ח	ד	ת	ם	ב	ס
ה	ר	פ	ת	ם	ד	ש	ו	נ	ט	ל	כ	ס	ף	כ	פ
ת	נ	ר	ה	ח	א	פ	צ	ס	ן	ש	ע	ף	ח	ד	כ
ח	כ	ה	כ	ס	ט	ם	י	ג	ן	ף	ף	ר	צ	ן	צ
כ	ל	ל	פ	פ	ם	ע	ע	כ	כ	מ	ג	ה	כ	ת	ר

גובה
אוויר
אווירה
נחיתה
הרפתקה
דלק
רקיע
בנייה
עיצוב
כיוון

ירידה
צוות
מימן
מנוע
ניווט
בלון
נוסע
טייס
היסטוריה
סערה

70 - Governo

ף	ם	ה	ש	ה	ד	ג	ל	ע	ב	פ	מ	צ	ע	ד	ח
ן	ו	י	ד	י	ס	ל	א	ג	ן	ש	י	פ	ו	ט	י
א	ד	י	ב	ט	ס	מ	ו	ת	ו	א	מ	צ	ע	ט	ר
ו	ש	ו	צ	ר	ר	מ	מ	א	י	ה	ה	כ	פ	ש	ו
מ	ר	ת	מ	ק	ש	מ	י	ס	ו	ב	ל	ש	ב	א	ת
ה	ם	נ	ד	ו	א	פ	ס	ד	ו	ד	מ	ף	ד	כ	ט
ק	ב	נ	ף	מ	ז	ד	פ	פ	ש	פ	ס	ף	פ	ה	נ
י	ת	כ	צ	ד	ר	ר	א	ל	פ	ש	ש	א	ס	ל	צ
ט	ש	ב	ף	ן	ח	ת	ס	צ	ב	ן	ג	ח	ס	ד	ט
י	ם	ס	ס	ש	ו	ם	ד	ה	ק	ו	ח	ס	ב	ס	ב
ל	ס	ב	ה	ג	ת	ק	צ	ט	ה	ף	ג	ב	ל	ל	א
ו	ע	ף	ד	ס	ר	ם	פ	ר	ט	נ	מ	ר	ל	א	ת
פ	כ	א	ה	ד	ט	ל	ל	ד	נ	ח	מ	ם	ד	מ	ל
ן	פ	ת	ו	י	ו	כ	ז	נ	ד	א	ר	א	ק	ו	ח
ס	מ	ף	ש	מ	ע	פ	ס	א	ל	ר	א	כ	צ	א	ר
ב	ג	ד	ג	צ	צ	ט	ג	ר	פ	ש	נ	מ	ח	נ	מ

משפטי
חוק
חירות
אנדרטה
לאומי
אומה
פוליטיקה
סמל
מצב
שוויון

אזרחות
אדיב
חוקה
דמוקרטיה
זכויות
דיבור
דיון
שיפוטי
צדק
עצמאות

71 - Bellezza

ת	ג	ט	ה	ר	ש	מ	א	ח	ש	מ	ס	ק	ר	ה	ת
מ	ל	ם	ף	ת	מ	ס	ל	פ	מ	ה	ד	ח	ב	ע	ג
מ	צ	ת	כ	נ	נ	פ	ג	נ	פ	ק	ד	ש	א	ח	ג
ר	ר	ט	ל	ח	י	ר	נ	ת	ו	י	ט	נ	ג	ל	א
ב	ו	א	ל	י	ם	י	ט	ם	נ	ט	ב	ס	מ	ע	כ
ע	ע	צ	ה	א	ם	י	י	פ	ר	מ	ד	ח	ע	ח	ח
ח	ב	ל	נ	ח	ט	ם	ס	ו	ם	ס	ן	ג	ש	ם	ר
ן	צ	ע	נ	ה	נ	ש	נ	ט	ס	ו	ע	ח	ה	צ	ש
מ	פ	פ	ב	ם	ס	ד	ט	ו	ף	ק	ם	מ	כ	נ	ג
צ	ש	ת	ש	ח	ה	ל	ק	ג	מ	ר	ט	ת	ף	מ	נ
ע	ט	ן	ד	פ	ן	א	ס	נ	ח	ו	ח	י	נ	ע	ע
ח	ל	ק	ד	צ	ח	צ	ם	י	ש	ם	צ	ת	ד	צ	ן
ש	י	ר	ו	ת	י	ם	ש	פ	ת	ו	ן	ר	ר	ב	פ
ס	פ	נ	ה	ג	ס	פ	ן	א	כ	ס	מ	ס	י	ב	א
צ	ן	ע	ה	ם	כ	ע	מ	ט	ף	ב	ג	פ	ב	ם	מ
ד	ש	ה	ל	ע	נ	ט	ר	ה	ם	ף	ף	ף	ד	ח	ח

צבע
קוסמטיקה
אלגנטי
אלגנטיות
קסם
מספריים
פוטוגני
ניחוח
חלק
מסקרה

שמנים
עור
מוצרים
ריח
תלתלים
שפתון
שירותים
שמפו
מראה
מעצב

72 - Avventura

ה	ז	ד	מ	נ	ו	ת	ו	ל	י	ע	פ	ס	פ	ש	ג
צ	ת	ר	מ	י	ש	ו	ק	מ	ט	ט	ן	ל	ה	נ	ה
ס	ם	ע	ב	ו	ה	ט	א	מ	ת	ן	ע	ן	ב	א	ם
ס	פ	ח	ד	צ	מ	א	ף	ה	י	ע	ד	ב	ט	א	פ
א	ה	ט	ב	א	פ	ת	ן	ל	ו	ל	ס	מ	י	מ	ש
ם	ג	ש	ב	ד	ת	ג	ב	א	ב	נ	ג	צ	ח	ל	ש
ר	ל	ל	ל	ו	י	ר	ח	ט	י	ב	ב	ט	ו	ל	ש
א	צ	ס	א	פ	ע	י	ם	ש	ס	פ	ב	ח	ת	ג	ם
ף	ש	ע	ט	ן	ת	ם	ף	מ	ה	ט	ו	ר	ן	צ	ט
ת	ג	ס	ר	ט	ב	ע	ט	פ	ף	ט	א	י	ב	ל	ס
ן	ש	פ	ן	ח	ש	ץ	ט	ת	ח	צ	ס	ר	ד	פ	ר
א	צ	ג	ב	פ	ד	מ	ן	צ	ש	ב	פ	ן	ת	ט	נ
ן	ח	ג	ב	ד	ח	ו	ח	ע	ף	ס	ר	ה	ר	ט	ת
ח	ל	ד	ד	פ	ס	א	ט	ה	נ	ב	ה	י	ן	י	ס
מ	ס	ו	ב	ן	ף	ג	מ	ם	ג	ה	ן	נ	ם	ו	נ
נ	י	ו	ו	ט	ם	ס	צ	ף	ר	ע	ד	ד	ף	ל	ט

חברים
פעילות
יופי
סיכוי
אומץ
יעד
קושי
טיול
שמחה
יוצא דופן

מסלול
טבע
ניווט
חדש
הזדמנות
מסוכן
הכנה
אתגרים
בטיחות
מפתיע

73 - Oceano

ה	ש	ג	ס	ע	נ	ב	פ	ח	ש	צ	צ	מ	ע	ט	ם
ע	ג	ו	מ	ל	א	ג	ד	ן	ב	צ	ב	ח	ן	ר	צ
צ	ן	פ	נ	ב	ד	ד	ב	א	ב	ן	א	צ	ט	ש	כ
פ	ל	ס	ן	י	פ	ל	ו	ד	מ	ד	ו	ז	ה	ת	ל
ד	ן	ו	נ	מ	ת	ס	ר	ט	ן	ת	י	ו	ו	ל	ם
ס	ב	ג	פ	ח	ה	כ	ש	ד	צ	פ	ף	ה	ב	ד	פ
פ	ג	ר	ה	ח	כ	ן	ל	ס	א	ש	ב	ס	ג	ד	כ
צ	ד	ד	ט	נ	ף	ס	א	כ	ל	מ	ל	ח	ל	ד	פ
ב	ר	ש	ס	ט	ע	ס	מ	ש	א	ם	פ	צ	י	ן	ע
ף	ן	פ	ס	פ	ט	א	ש	ל	ן	ג	ש	א	ם	מ	ל
ש	ה	ר	ע	ס	ו	ף	ם	ד	כ	מ	ו	צ	ד	פ	ה
ט	ר	ר	ש	ר	נ	ד	פ	ם	ד	פ	ת	ם	ב	ר	צ
ן	י	י	ע	מ	ה	ף	ל	א	ח	ע	ו	ע	א	ט	ח
ג	ס	ה	מ	ש	ב	ב	ד	פ	ב	א	א	ע	ר	א	ש
מ	ף	ת	א	פ	ה	ב	מ	ר	א	ן	ג	ל	ב	ף	ש
ע	ס	ל	ן	ב	ס	כ	ר	י	ש	ט	ן	מ	ח	ל	ח

צלופח
לוויתן
סירה
אלמוג
דולפין
שרימפס
סרטן
גאות ושפל
מדוזה
גלים

צדפה
דג
תמנון
מלח
שונית
ספוג
כריש
צב
סערה
טונה

74 - Famiglia

ב	א	ב	ק	ד	מ	ו	ן	ס	י	ר	צ	ת	ב	ת	ס
צ	ע	ם	מ	ו	צ	צ	כ	ב	ל	ת	י	ש	ג	ו	ם
א	ר	ל	ש	ד	ש	א	ר	א	ד	נ	ל	ן	ם	ח	ד
ת	נ	נ	ף	ד	ר	כ	ל	ל	ו	ח	ד	כ	נ	א	ם
ת	ג	ע	צ	ם	א	פ	ס	ל	ת	ל	י	ה	מ	י	א
ח	ג	ב	ע	ח	ף	מ	ן	ש	ע	ש	ם	ת	ש	ן	ש
א	נ	נ	כ	ף	פ	כ	ח	פ	ג	ע	ד	ט	ט	ב	מ
ן	צ	ד	ה	כ	ף	ר	ס	ב	ה	ג	ה	ד	ש	ע	ף
ם	י	ג	א	נ	נ	מ	ט	ה	ת	ע	ת	ח	ס	ט	ד
ה	א	י	ח	ב	ם	צ	ן	ש	ת	מ	ש	ל	ר	ג	ע
ם	ח	ב	ח	א	ב	ה	י	ע	ף	ג	ר	נ	כ	ד	ם
א	א	ה	ר	א	ב	א	ר	ג	ס	ב	ת	א	א	ל	ר
ף	צ	א	צ	מ	ש	ן	ג	ה	כ	ע	ח	ת	צ	א	ר
א	א	מ	ד	י	ב	ה	ד	ו	ד	ו	ד	ן	ב	כ	מ
ת	ב	ה	ף	א	ה	ג	ל	מ	צ	ס	ג	ח	נ	ף	ע
ס	מ	ל	ר	ח	ב	ס	י	ת	ס	ה	ס	ף	ע	ב	ס

אשה
אחיין
נכד
סבתא
סבא
אבא
אבהי
אחות
דודה
דוד

אב קדמון
ילדים
ילד
בן דוד
בת
אח
ילדות
אימא
בעל
אימהי

75 - Creatività

נ	ש	ה	א	צ	מ	ה	ם	ג	ט	ן	ג	ד	ד	ב	נ
פ	ת	י	ש	ר	פ	ה	צ	ס	ע	כ	ם	ע	ש	ה	ד
ן	ם	צ	ד	ר	צ	ם	ה	ש	פ	ף	פ	ש	ח	י	א
ר	ת	י	ן	ת	א	ם	ר	נ	ד	ם	ח	ב	ד	ר	ב
א	צ	א	ם	ט	ח	ה	ע	ר	ו	ש	ם	ח	ע	ו	ף
ח	ת	ו	י	ט	נ	ת	ו	א	מ	ס	ש	ל	ס	ת	ף
מ	פ	ט	ל	ן	ה	ב	א	ם	ג	ג	ף	ם	פ	ר	ף
ע	ע	נ	ח	ג	ט	ף	ן	ר	מ	ה	ד	פ	ו	ת	ה
ה	ד	י	ו	ט	י	ב	כ	ג	מ	ע	נ	נ	נ	ח	ג
ם	כ	א	ת	ל	ף	ף	ת	ר	כ	י	ח	ר	ט	ו	נ
ע	ב	ד	ש	י	ט	מ	ר	ד	ד	צ	ו	ת	נ	ש	נ
נ	ז	י	ל	ו	ת	ו	נ	ו	י	ע	ר	מ	י	ה	צ
צ	ם	מ	ה	ד	ת	ו	י	נ	ו	י	ח	ע	נ	ל	צ
ח	ז	י	ו	נ	ו	ת	נ	ד	מ	י	ו	ן	פ	ו	ס
ת	מ	ו	נ	ה	א	ע	ם	מ	ר	ג	ש	ו	ת	ר	ת
ד	ע	ו	צ	מ	ת	א	ת	ט	א	ף	ש	פ	ם	ט	ת

מיומנות
אמנותי
אותנטיות
בהירות
דרמטי
רגשות
ביטוי
נזילות
רעיונות
דמיון

תמונה
רושם
עוצמת
אינטואיציה
המצאה
השראה
תחושה
ספונטני
חזיונות
חיוניות

76 - Veicoli

א	ר	פ	ס	ו	ד	ה	ק	נ	ב	ר	ק	ט	ה	ל	ק
ם	מ	ך	ת	ב	כ	ר	ט	פ	ט	ו	ו	ר	ר	כ	ר
א	ד	ב	ר	ס	ס	ן	נ	ן	א	ט	ס	נ	י	ס	ו
ג	ר	ע	ו	צ	ה	ה	ו	כ	ו	ק	מ	ד	ס	כ	ו
נ	ג	ג	ב	ל	ף	ס	ע	פ	ט	ר	ס	ף	ף	ט	א
א	ף	צ	ע	ו	נ	מ	ה	ת	ו	ט	מ	כ	ג	ל	ן
צ	ר	ן	מ	ג	ס	ס	ג	ט	ב	ן	ו	ג	ף	ט	צ
מ	כ	ו	נ	י	ת	ד	ו	ח	ו	ת	נ	א	ט	כ	פ
כ	ש	כ	ף	ס	ן	ב	ט	ט	ס	ס	י	א	ב	ב	ג
צ	ע	נ	ח	מ	ט	ב	א	פ	מ	מ	ת	ל	ם	ס	מ
ל	ו	ר	כ	ב	ת	ת	ח	ת	י	ת	נ	ט	צ	ר	ח
ח	כ	ל	ט	ד	ג	ר	צ	ד	ב	כ	ב	נ	ה	ע	א
ט	נ	ף	ל	א	ו	פ	נ	י	י	ם	י	ג	י	מ	צ
ב	ם	צ	ע	ת	י	א	ש	מ	פ	ג	א	ט	ע	ם	ש
ם	פ	פ	ל	ג	נ	ט	נ	ן	ר	צ	ף	ה	כ	כ	ג
ס	ג	צ	ן	ר	ף	ט	ס	ם	ט	ש	כ	כ	ע	כ	נ

מטוס
אמבולנס
מכונית
אוטובוס
סירה
אופניים
משאית
קרוואן
מסוק
רכבת תחתית

מנוע
צמיגים
רקטה
קטנוע
צוללת
מונית
מעבורת
טרקטור
רכבת
רפסודה

77 - Emozioni

נ	ר	ג	ש	ן	ן	ת	ש	ד	פ	ג	ח	ח	ת	א	ם
צ	ב	א	ח	ם	ת	ה	ו	ס	ב	ח	ר	נ	כ	ח	ת
ף	נ	ט	ח	נ	ש	כ	ל	כ	ת	ב	ב	צ	ג	כ	כ
ע	ה	ם	מ	פ	ל	צ	ל	ה	ן	פ	ח	ד	ס	ח	ע
צ	כ	ה	ע	ף	ו	ח	ד	ל	נ	ה	ר	כ	ל	ס	ס
ב	ס	ר	ר	צ	ם	ד	ת	ת	ה	פ	ת	ע	ה	ם	ן
ד	ן	ס	ס	ס	א	מ	ה	ר	ו	א	ר	ו	נ	ח	ש
מ	צ	ף	ן	ר	צ	ן	ד	ה	ו	א	ם	ג	ה	ח	ע
ר	ר	כ	ח	ב	ן	ט	א	ס	ל	ה	ר	ר	ע	ט	ם
א	ס	י	ר	ת	ו	ד	ה	ה	ש	ד	ש	ם	ע	מ	פ
א	ו	ש	ר	פ	ע	ש	ן	ח	ב	ה	מ	נ	מ	ר	ן
ל	פ	ד	א	צ	צ	ף	ע	ף	ג	ה	ח	ב	ת	ו	א
נ	ר	ס	פ	ס	ט	א	כ	מ	ס	ן	ה	ו	צ	צ	ן
מ	פ	ם	ט	ן	ד	ר	ף	ן	ו	ה	ג	ך	מ	ה	ר
ב	מ	ל	ב	ט	ס	פ	ב	ג	א	ם	ו	ג	מ	ף	ת
ג	נ	ת	ר	פ	נ	נ	ג	ה	ל	פ	נ	ר	א	ף	מ

אהבה
אושר
רגוע
תוכן
נרגש
חסד
שמחה
אסיר תודה
נבוך
שעמום
שלום
פחד
כעס
אהדה
מרוצה
הפתעה
רוך
שלווה
עצב

78 - Natura

ם	י	ק	ו	צ	ן	נ	מ	ל	ב	ח	פ	ג	ל	ד	ב
י	א	ם	ם	מ	ה	ס	צ	ה	ם	ס	ע	נ	נ	ל	ת
ר	ר	י	ע	ר	ק	ם	ן	ש	ם	ל	א	ד	ר	ע	פ
ו	פ	ל	ה	ל	י	ר	ם	צ	א	ב	ס	נ	ן	ל	נ
ב	ס	צ	ה	פ	ח	ס	ת	א	מ	ב	מ	ב	נ	נ	צ
ד	ל	ף	ו	ר	ש	א	א	ת	ד	ף	כ	ע	ם	נ	ל
נ	ל	ר	ו	ע	מ	ב	נ	ג	כ	פ	ה	א	ט	ש	ר
ת	ט	ס	ל	ג	ר	ד	נ	ח	כ	ר	ב	ד	מ	ב	כ
ת	נ	ה	ש	ח	ת	ו	י	ח	מ	צ	ן	ר	ר	נ	ח
ע	ע	פ	ט	ד	פ	מ	ש	כ	ה	ל	ע	כ	ה	ש	ש
נ	ע	כ	ט	ם	ע	ד	ת	ל	א	א	ט	ח	ס	מ	ד
ל	ע	ָ	ִ	ל	י	ם	ן	ם	צ	י	ט	ק	ר	א	ט
צ	ח	י	ו	נ	י	פ	ו	י	ף	ה	ת	ל	ע	ר	ס
ר	ח	ד	מ	א	ם	ט	ח	ר	ם	ג	ד	ם	ח	ף	נ
ף	ש	י	א	פ	ג	נ	ר	ה	ל	ל	ם	י	נ	נ	ע
ם	כ	פ	ה	ף	ן	מ	ק	ל	ט	ל	ם	ן	מ	ב	ד

חיות
דבורים
ארקטי
יופי
מדבר
דינמי
שחיקה
נהר
עָלִים
יער

קרחון
הרים
ערפל
עננים
מקלט
צוקים
פראי
שלווה
טרופי
חיוני

79 - Balletto

ה	ק	י	ז	ו	מ	ן	ט	כ	ה	מ	ע	ת	ר	ה	מ
ף	ג	צ	ב	ת	ב	ף	ס	ל	מ	ף	פ	פ	ן	ע	י
א	ר	צ	ב	ן	י	ח	ל	מ	ס	ד	ר	ע	ת	ש	ו
ט	פ	פ	כ	ד	ע	ר	ר	ם	ה	ת	כ	ח	ף	ם	מ
ב	א	ל	ו	ג	ר	ת	ה	צ	א	ש	ש	ג	ת	ל	נ
נ	ד	פ	ר	ק	ה	ל	ן	מ	ם	א	ר	ם	ר	ת	ו
י	ד	ר	י	א	מ	נ	ו	ת	י	י	כ	ט	נ	מ	ת
ק	ה	ג	א	ב	ש	ח	נ	ד	ר	ר	ה	ט	ט	ד	ר
ה	ן	ר	ו	ף	ב	פ	ג	א	ו	י	ף	ע	ב	ע	פ
פ	ט	ל	ג	ח	ף	ד	ס	צ	ע	ם	צ	ף	צ	ן	א
ע	ל	ב	ר	צ	ב	ט	ן	ג	י	ר	ק	ד	נ	י	ם
ס	ן	כ	פ	צ	ם	ג	ר	מ	ש	ד	ס	ד	ם	ג	ת
ר	ו	נ	י	ל	כ	ף	ה	ו	ו	ח	מ	ד	ס	ב	ף
ד	ד	ל	ה	ת	ז	מ	ו	ר	ת	מ	צ	ו	ע	פ	ב
ב	צ	ל	ו	ש	פ	ג	מ	ן	ז	ג	ח	י	נ	נ	י
ד	ב	ה	ר	ש	ג	ג	ב	א	ל	ח	ה	נ	ם	צ	ט

מיומנות
אמנותי
סולו
רקדנים
מלחין
כוריאוגרפיה
מביע
מחווה
חינני
עוצמת

שיעורים
שרירים
מוזיקה
תזמורת
תרגול
חזרה
קהל
קצב
סגנון
טכניקה

80 - Paesi #1

נ	כ	ח	ת	ס	פ	ם	א	ל	א	פ	ס	נ	ג	ל	ג
ה	ב	ת	ע	א	צ	י	ל	א	מ	ו	ר	ר	ל	ן	ג
ו	ח	ם	ב	ת	ר	ר	נ	ב	ם	ל	ש	ג	צ	ם	ג
ד	ת	ף	ר	נ	מ	צ	ף	ל	ל	י	ק	ס	כ	ג	א
ו	ל	ו	ק	ו	ר	מ	ף	ג	נ	ן	מ	ב	נ	א	ת
א	ם	א	ד	ן	מ	פ	ד	ר	ר	ד	ב	ו	ל	ג	מ
ב	ר	ז	י	ל	ת	נ	ס	ט	ח	ר	ו	ש	פ	ח	ף
ע	ת	ח	ם	א	נ	ט	י	י	ו	פ	ד	ה	נ	נ	מ
מ	ף	ע	י	ר	א	ק	ת	ה	ד	ס	י	ב	מ	צ	א
ח	נ	א	ס	ש	ל	נ	ן	ה	ד	ף	ה	ם	ה	צ	ח
ט	ח	ר	ה	י	ג	ו	ו	ר	ו	נ	א	ם	י	כ	ר
ו	נ	צ	ו	א	ל	ה	ם	ב	מ	ג	ק	כ	נ	ע	א
מ	ר	ט	צ	פ	ה	כ	ס	ש	ב	ה	ב	כ	מ	ר	ב
ד	ע	א	ט	ט	א	ש	ס	כ	כ	ע	ש	ת	ר	כ	ה
ף	ף	צ	ם	פ	ה	ח	ת	ם	א	ל	ב	פ	ג	ה	ע
ן	ף	פ	ן	ר	ל	צ	ם	נ	ף	ח	א	נ	ג	ב	צ

ברזיל
קמבודיה
קנדה
מצרים
פינלנד
גרמניה
הודו
עיראק
ישראל
לוב
מאלי
מרוקו
נורווגיה
פנמה
פולין
רומניה
סנגל
ספרד
ונצואלה
וייטנאם

81 - Geometria

מ	ש	ח	ל	ן	ל	ס	ע	ע	נ	צ	ט	ת	ס	כ	ן
ש	ב	ר	ם	ח	ס	ן	ג	ג	ד	ס	נ	ט	י	ח	פ
פ	ט	כ	ל	ס	מ	פ	פ	נ	נ	ת	ס	ב	מ	ג	ד
ר	ף	ח	ל	כ	ל	ש	ר	מ	כ	פ	נ	ח	ט	ת	א
ו	ח	ג	מ	ג	ד	ס	ו	ס	ל	א	פ	א	ר	ר	ם
פ	צ	ג	ש	א	ם	ר	מ	ל	ג	ע	מ	ח	י	ת	ט
ו	י	ב	ו	ש	י	ח	ק	ם	ש	ש	ת	ר	ה	ם	מ
ר	ו	ה	ו	ר	כ	ט	ב	ת	י	א	ו	ר	י	ה	ס
צ	ן	ל	א	א	נ	ש	י	ע	י	א	ד	ן	נ	ב	פ
י	מ	כ	ה	ם	א	מ	ל	ט	ק	ו	ד	ן	ב	ו	ר
ה	מ	ן	נ	ל	ו	ג	י	ק	ה	ו	ו	פ	ק	ג	צ
צ	ד	ד	כ	נ	א	מ	ח	ח	צ	צ	מ	ז	ו	ס	א
ב	א	ו	פ	ק	י	ש	נ	ף	ח	ל	ד	ה	ט	ן	ח
פ	א	ם	ע	ת	ש	ס	ף	א	ב	ס	ט	צ	ר	ן	ח
צ	ה	ף	ת	א	ט	ש	ן	ס	צ	ש	ל	נ	ן	נ	ש
ן	נ	מ	צ	ע	ט	מ	נ	ש	ן	ם	ה	ס	ף	ח	ע

מספר
אופקי
מקביל
פרופורציה
קטע
סימטריה
משטח
תיאוריה
משולש
אנכי

גובה
זווית
חישוב
מעגל
עקומה
קוטר
ממד
משוואה
לוגיקה
חציון

82 - Foresta Pluviale

ה	ב	ם	נ	ע	כ	ר	כ	ש	צ	ד	ר	ו	ז	ח	ש
ס	ת	פ	א	ם	ע	ח	פ	ש	ש	ח	ק	ן	ן	ע	מ
ד	צ	מ	ה	י	ש	ר	ד	ו	ת	ם	י	ק	נ	ו	י
ו	ב	ף	ב	נ	ם	ק	ב	ל	י	י	נ	ט	ל	ק	מ
ח	ט	ש	פ	י	ד	י	ג	נ	צ	ל	ט	ן	א	ס	ה
י	ע	ב	ט	מ	ט	ם	נ	ס	י	ק	ו	ף	ף	ל	ע
י	ם	ב	ד	ש	ח	ע	מ	מ	פ	א	ב	מ	א	נ	א
ם	ת	ר	י	כ	ב	נ	ן	ם	ו	ד	ה	ל	י	ה	ק
נ	ן	מ	ה	ד	ע	ג	פ	נ	ר	ת	צ	כ	ף	ן	ש
כ	ו	ה	ן	ם	א	א	ס	ה	י	ר	ס	מ	ס	ר	ג
ר	ו	ד	י	ל	י	ח	מ	ד	ם	נ	ש	ע	ב	ו	מ
ח	י	ו	ל	ח	ת	ב	א	ף	נ	פ	כ	פ	נ	ר	כ
ר	ג	ב	ע	מ	פ	ל	ם	כ	ל	ב	צ	ג	כ	ח	ר
ל	ר	כ	ר	מ	ד	צ	ש	ת	פ	צ	ל	ן	ב	ר	ף
ר	ף	ן	ה	ר	ן	ש	ג	צ	צ	ג	ל	ד	ד	פ	ס
א	נ	ע	כ	פ	ב	ש	ג	ת	כ	ח	ג	ח	ה	ט	ר

דו-חיים
בוטני
אקלים
קהילה
גיוון
ג'ונגל
יליד
חרקים
יונקים
טחב

טבע
עננים
שימור
יקר
שחזור
מקלט
כבוד
הישרדות
מינים
ציפורים

83 - Edifici

א	ח	ן	ד	ג	ל	ג	ם	ח	מ	ס	ר	ס	ש	ב	ט
ע	ה	ש	מ	ט	ע	ם	א	כ	פ	ר	פ	נ	ת	י	ס
ה	ף	ה	ף	ע	ו	נ	ל	ו	ק	ס	צ	ש	א	ת	ת
ת	ת	צ	ג	ב	ב	ב	ן	ן	צ	ט	א	נ	פ	ס	י
ה	א	ש	ר	ע	ש	ד	ל	ב	ף	ל	ד	ג	מ	פ	א
מ	ת	ן	ת	ג	ס	ת	ה	ר	י	ט	צ	מ	מ	ר	ט
צ	כ	ה	א	ש	ף	ט	ר	מ	ח	ס	מ	ט	כ	ת	ר
פ	ן	ן	ס	ט	ג	ת	י	ש	ד	ו	פ	ל	נ	ע	ו
ה	ב	ט	ם	צ	ב	ר	ד	צ	ה	ה	מ	פ	ע	ל	ן
ם	פ	כ	ה	ן	ע	ם	י	ל	ו	ח	ת	י	ב	כ	ו
כ	ר	ה	א	כ	צ	ט	ק	ר	מ	ר	פ	ו	ס	ף	א
ת	נ	ל	ף	מ	נ	ה	ש	ש	ו	ט	ס	פ	ד	ת	י
א	ו	נ	י	ב	ר	ס	י	ט	ה	ת	נ	א	ם	ד	ז
א	צ	ט	ד	י	ו	ן	ו	ל	מ	ע	ב	ט	ו	ב	ו
ת	נ	ע	ה	ח	מ	נ	ט	ת	ע	ב	ג	ג	ס	ה	מ
ח	ח	ס	ן	ש	ף	ל	א	ן	ד	ן	ד	ר	מ	ח	ל

שגרירות
דירה
תא
טירה
קולנוע
מפעל
אסם
מלון
מעבדה
מוזיאון

בית חולים
המצפה
הוסטל
בית ספר
אצטדיון
סופרמרקט
תיאטרון
אוהל
מגדל
אוניברסיטה

84 - Malattia

צ	ק	ל	ס	ף	ח	ה	ג	נ	ט	י	נ	ת	ו	מ	ח
ר	ב	מ	ד	ם	י	ע	ם	נ	ן	ת	ח	ר	ה	ס	ש
מ	ד	צ	ר	י	י	ב	ש	ל	ח	א	ל	ר	י	ד	ל
ח	מ	ה	ף	נ	ד	כ	ד	ח	צ	י	ל	נ	ת	ט	ח
ל	ש	ף	ו	ג	ק	ב	ף	ם	ת	ר	ו	ט	פ	ש	ט
ד	ח	ר	נ	ו	י	ת	ק	ל	ד	ת	ב	ה	ו	ע	ה
ר	כ	מ	ר	ת	ת	ו	צ	פ	ן	ט	ב	ה	ר	נ	ע
ג	מ	ע	ם	פ	ט	י	ת	נ	ו	מ	ס	ת	י	ם	ל
ת	ה	ס	ב	ש	ח	ג	ן	ה	מ	י	ש	נ	ו	א	ג
צ	ר	ד	נ	כ	ל	ר	ת	צ	ס	נ	ת	א	נ	נ	ר
ט	ת	ט	י	פ	ו	ל	פ	ס	ת	נ	ש	צ	ש	מ	ש
צ	פ	ר	ל	ף	פ	א	כ	כ	ע	י	ת	ש	ר	ו	ת
א	ת	ש	ב	ן	ף	ש	ש	ש	צ	נ	ע	ע	ב	ב	כ
ת	ר	נ	מ	א	פ	ל	ת	ו	א	י	ר	ב	נ	ל	פ
ד	ה	ג	ן	כ	נ	ם	ג	כ	ד	ס	ר	ל	ת	ר	ה
ם	ם	פ	צ	ס	ל	ף	ב	ש	ר	ס	ת	ע	מ	א	נ

בטן
אלרגיות
חיידקי
מדבק
גוף
כרוני
לב
חלש
תורשתי
גנטי

חסינות
דלקת
מותני
נוירופתיה
פתוגנים
ריאתי
נשימה
בריאות
תסמונת
טיפול

85 - Paesi #2

ח	א	ס	ה	נ	י	א	ר	ק	ו	א	ד	ס	ת	פ	נ
ט	ל	ו	ק	ע	י	ט	י	א	ה	א	נ	ש	ע	נ	א
פ	ב	ר	י	ם	כ	מ	ם	ב	ת	א	מ	ן	ה	ע	ד
ף	נ	י	י	מ	פ	ן	ט	י	ב	ן	ר	ל	ד	צ	נ
א	י	ה	מ	ה	נ	ע	ו	ם	ן	א	ק	נ	פ	א	ל
ח	ה	ד	ג	ג	ט	פ	ס	ד	כ	ט	כ	ג	ג	ג	ר
א	צ	נ	כ	ד	י	א	ה	ג	ס	ו	ד	ן	ו	ו	י
ר	ר	ג	ע	ה	ר	ע	כ	ם	ן	ל	פ	פ	ק	כ	א
מ	ד	ו	ה	י	ז	נ	ו	ד	נ	י	א	י	מ	ח	ם
צ	ם	א	ע	א	ת	ס	ד	נ	פ	פ	ס	כ	ר	מ	ס
א	א	ט	ח	ד	ג	ר	ן	י	ח	ק	ו	ס	נ	ס	ד
ג	ל	ר	ד	ר	ת	ט	א	ג	מ	ם	א	ע	ד	מ	ה
צ	ל	א	ד	ו	ד	ר	א	ר	מ	ש	ל	נ	א	א	ה
ט	ע	ג	ר	ס	ש	ש	ע	י	ד	ד	ג	ב	מ	א	פ
ס	ג	מ	ל	י	ב	ר	י	ה	ד	ל	ד	ף	ח	ב	ש
א	ט	ס	ס	ה	ע	ר	ה	ף	פ	ן	ט	ס	י	ק	פ

ליבריה
מקסיקו
נפאל
ניגריה
פקיסטן
רוסיה
סוריה
סודן
אוקראינה
אוגנדה

אלבניה
דנמרק
אתיופיה
ג'מייקה
יפן
יוון
האיטי
אינדונזיה
אירלנד
לאוס

86 - Tipi di Capelli

ב	מ	ג	ש	ט	ב	צ	מ	פ	מ	ת	ו	ל	ת	ל	צ
ב	ל	צ	ל	ש	ת	פ	ט	ע	ב	ח	ס	נ	ט	ט	מ
ד	ן	ו	ה	ח	א	ה	פ	ד	ס	ל	נ	ה	ב	ף	ו
ב	צ	ג	נ	ן	ל	ב	ן	י	ף	ה	פ	ג	ר	ט	ת
ר	ח	א	ד	ד	ב	ע	ט	ב	כ	נ	ס	ס	א	פ	א
ח	ש	מ	ת	א	י	צ	ם	ש	ר	ז	ה	ס	ם	ה	מ
א	ח	מ	מ	א	ר	נ	נ	צ	ף	א	ף	ת	ת	ל	ב
ל	פ	ד	נ	פ	צ	ר	י	ד	כ	ב	כ	ל	ת	ם	כ
נ	ש	ו	א	ח	א	ק	ל	ח	ס	ם	מ	ת	מ	ב	ן
ד	פ	ב	ר	ח	ע	י	נ	ו	ע	ב	צ	ל	א	ש	כ
א	כ	נ	ו	פ	ך	ר	ר	ב	ו	ש	ח	י	ע	ג	ס
ן	ם	ן	ח	ם	ו	ח	ע	ב	ל	ן	צ	ם	פ	נ	כ
ט	ע	כ	ש	ס	ר	ם	מ	צ	ק	ם	פ	ב	ן	כ	פ
ק	ג	ף	ם	מ	א	נ	מ	ם	ס	פ	צ	ר	ר	כ	מ
צ	ף	כ	נ	ע	ח	ט	ף	ט	ה	ף	ש	ד	צ	ל	ס
ר	ח	ל	ש	ר	ן	ר	ן	ר	ד	ש	ט	ש	ש	ט	מ

כסף
יבש
לבן
בלונדיני
קצר
קירח
צבעוני
אפור
קלוע
חלק

ארוך
חום
רך
שחור
מתולתל
תלתלים
בריא
רזה
עבה
צמות

87 - Vestiti

נ	ן	ט	ג	מ	ן	ג	ל	ר	כ	ן	ה	צ	ל	ו	ח
ג	ם	כ	ס	ג	ן	ס	ר	כ	נ	ס	י	נ	ר	א	צ
כ	ף	ד	ו	ן	ף	ח	ן	פ	א	נ	ר	ג	פ	א	פ
ח	ת	ש	נ	ב	כ	ס	ח	פ	ף	י	ע	צ	ת	ו	ל
ג	כ	ב	נ	ן	ע	ב	כ	ו	ט	ג	ל	נ	ח	נ	א
ו	ס	ח	צ	ע	ה	ד	ט	ת	ן	נ	ד	נ	ל	ד	ח
ר	פ	מ	ג	ג	ל	ע	נ	כ	נ	פ	נ	פ	ם	ע	ג
ה	ר	ש	נ	ש	מ	י	נ	ת	ד	א	ט	ע	א	צ	ת
ח	צ	כ	נ	צ	ש	ג	ב	ם	ה	ה	ע	ד	צ	ב	ד
ש	מ	ג	צ	מ	מ	ה	ל	י	ע	מ	נ	ת	ד	כ	מ
ת	כ	ח	ג	י	ע	ש	ל	י	ת	ג	צ	ב	ן	כ	ל
ס	ם	י	ל	ד	נ	ס	א	ב	ם	י	י	ס	נ	כ	מ
ד	פ	ם	נ	ף	ט	כ	ם	ר	ן	פ	פ	פ	ס	ם	מ
ה	ט	נ	נ	ם	ה	ח	פ	ג	ש	פ	ר	כ	א	פ	ף
ח	צ	א	י	ת	ט	ל	ע	א	ה	ם	ה	ש	ס	ש	ן
ס	ו	ו	ד	ר	ם	כ	ש	ר	ש	ר	ת	ט	ח	נ	מ

שמלה
צמיד
גרביים
חולצה
כובע
מעיל
חגורה
שרשרת
חצאית
סינר

כפפות
ג'ינס
סוודר
אופנה
מכנסיים
נעלי בית
פיג'מה
סנדלים
נעל
צעיף

88 - Attività e Tempo Libero

כ	ת	ן	ק	מ	פ	י	נ	ג	ח	כ	כ	ע	ס	ס	ט
ג	ל	ו	ב	ס	י	י	ב	ל	ט	ד	ד	ל	ע	ה	צ
נ	ט	ח	ט	י	נ	ן	ס	י	ה	ו	ו	נ	ס	י	ג
נ	ן	א	ף	נ	א	ר	ר	ש	ח	ר	ר	מ	ו	ר	ף
נ	ם	מ	ע	ט	ו	ת	ק	ה	ש	ג	ע	ר	ד	ן	ש
ס	ע	נ	ן	ד	ל	ב	נ	ל	ד	ל	ף	א	ש	ה	ף
א	ן	ו	כ	ס	ש	פ	י	י	ן	ר	ל	צ	פ	ת	ח
ג	ן	ת	ד	מ	ס	ט	ו	ל	ר	א	ו	ע	צ	ח	ע
ע	א	א	ט	ת	נ	י	ת	צ	צ	פ	ג	ע	ר	ב	ל
ף	ו	ר	ג	י	א	ו	ו	מ	א	ם	ג	ד	נ	י	ב
ם	ל	ת	ן	ר	ל	ל	ע	ת	מ	ר	ג	ף	כ	ב	פ
צ	כ	ד	ו	צ	ש	י	י	ב	ג	ט	ט	ף	ש	י	ם
ש	ת	ר	נ	ח	נ	ם	ס	ה	ע	י	ג	ר	מ	ם	ט
ב	ם	צ	י	צ	ף	ט	נ	ג	נ	כ	ף	א	ח	ל	כ
ד	ד	י	ג	ם	ש	ט	ף	ן	א	ף	א	ן	ט	ם	פ
א	ה	ן	ע	ן	מ	א	ע	צ	ד	פ	ס	ע	ס	ת	ם

אמנות
בייסבול
כדורסל
איגרוף
כדורגל
קמפינג
טיולים
גינון
גולף
תחביבים
צלילה
שחייה
כדורעף
דיג
ציור
מרגיע
קניות
גלישה
טניס
נסיעות

89 - Meteo

ג	ה	א	ר	פ	ט	ם	ר	פ	ס	ג	צ	ד	נ	פ	פ
ש	ק	ס	ס	ל	ג	ח	ע	נ	ט	נ	ב	ג	ל	ב	ב
ר	ו	ח	ם	ש	ב	ב	ם	ל	ד	ר	ן	א	ל	ר	ר
א	ט	פ	א	ת	ת	ף	י	א	ף	ט	ק	א	ס	ק	ק
ט	ב	ם	ס	ר	ש	ה	ל	ת	פ	ה	ש	ן	ר	י	ד
ר	א	ה	ע	ח	ב	ש	ק	ן	ן	ב	ת	ם	ו	ע	ת
ו	י	ע	ר	פ	ל	כ	א	א	א	ג	ר	ה	·	ד	מ
פ	ב	ק	ה	צ	ה	ר	י	ו	ו	א	ו	ט	ח	כ	מ
י	ש	ג	ר	ג	ם	ד	ל	צ	ה	ב	צ	ת	_	ו	ם
ן	פ	ס	ו	מ	פ	כ	ת	ד	ס	ד	ב	ר	נ	ם	ה
מ	ד	ח	ט	ן	ש	ח	ד	ב	ג	נ	פ	ס	כ	מ	ן
נ	ס	א	ר	צ	מ	ד	פ	ל	ש	ס	ו	מ	ש	ע	נ
ר	מ	ת	פ	ה	ה	ו	ר	י	ק	ן	ם	ף	ד	א	ף
ש	ע	ן	מ	ן	ה	ה	ג	ל	נ	ו	ד	נ	ר	ו	ט
ת	ג	ם	ט	ם	ח	ה	ף	ע	פ	א	א	ב	ג	ר	ב
מ	ב	ס	כ	ם	ע	ע	ת	ף	ט	ע	מ	ש	ח	ה	צ

קשת
יבש
אווירה
רוּחַ
רקיע
אקלים
ברק
קרח
מונסון
ערפל

ענן
הקוטב
בצורת
טמפרטורה
סערה
טורנדו
טרופי
רעם
הוריקן
רוח

90 - Corpo Umano

ל א ל ד ם ר ם ת מ א כ ב ר ך ף א
ל פ א ר א ש ת ד ף ת מ ד ג ר ת פ
ע ף א א צ ט ה ע ק פ ר מ ל ד כ ף
מ ל ס צ ב ף מ צ ח כ ד פ ג ל צ ף
ס ם ל א ע פ ו ר ם מ נ ה ר ט נ ס
מ ל ר ת ע ו ק מ ש נ ל ם א ה ל ס
ם צ נ ן א ף ר ת ח ת ג ר ח ח מ נ
ל ה צ ר פ ה ס ה ה ב י ק ם י נ פ
א פ ל ס ף ט ו ח ה ף ד צ ע ס פ ף
ט מ ש נ ה ן ל ה ף נ ם ר ט ט ה ל
ר ל ף ט ר ט צ ד ג נ ע נ פ ב ג ע
ם ב א פ פ מ פ נ נ צ י י ם ת ס פ
מ ט ל ב ח ם ס ת ר נ ן ד ה ר כ פ
ר ה נ מ ס ר ש ג ב פ ז ף ף צ ע ט
ף ד ו א מ צ מ ד ש ס ו נ צ ן ו ב
פ ח ע נ מ א פ ע פ ב א ה ם ע ר ש

יד
סנטר
אף
עין
אוזן
עור
דם
כתף
קיבה
ראש

פה
קרסול
מוח
צוואר
לב
אצבע
פנים
רגל
ברך
מרפק

91 - Mammiferi

ב	ל	ה	ט	מ	ש	ק	נ	ג	ו	ר	ו	ל	ע	ג	ל
ש	ח	ס	ט	צ	ס	ו	ס	ד	א	כ	ש	נ	ר	י	ל
ף	ו	ק	צ	א	ד	ט	ע	ן	ן	ב	ב	ג	ד	ר	נ
ה	ג	ר	ד	מ	ת	צ	ט	ל	י	פ	ט	א	ת	פ	ל
ד	ס	ר	ת	ס	צ	צ	ב	פ	ח	ף	מ	ד	ר	ה	א
נ	ע	ר	ג	ם	ע	נ	ת	ן	ת	י	ו	ו	ל	נ	ט
ש	ה	כ	א	ג	ר	ג	ח	י	ו	צ	א	מ	פ	נ	ב
ז	ש	מ	ש	צ	צ	ס	ע	פ	ל	כ	ל	ב	ו	ד	ג
א	ף	נ	ד	ב	פ	ס	צ	ל	ג	ת	ט	כ	ע	ן	ו
ב	ס	ב	ם	י	ש	ב	כ	ו	ט	ג	ף	ם	ה	ד	ר
כ	ח	ה	ת	ט	ג	א	ף	ד	כ	ת	ם	צ	ת	מ	י
מ	כ	פ	ר	ש	ש	פ	ת	ד	ת	ן	ן	ר	ע	כ	ל
נ	נ	ב	א	ר	ד	ר	ס	ר	נ	ש	א	ה	ג	ח	ה
ש	ט	מ	ד	ח	ן	נ	נ	ש	ל	ט	ר	ד	ג	ע	ר
מ	ה	ע	ף	ר	א	מ	ב	ט	ה	צ	י	ח	צ	ח	ב
ם	ע	פ	ז	א	ב	ע	ר	ב	ו	ת	ה	מ	ם	ד	ז

ג'ירפה
גורילה
אריה
זאב
דוב
כבשים
קוף
שור
שועל
זברה
לוויתן
כלב
קנגורו
סוס
צבי
ארנב
זאב ערבות
דולפין
פיל
חתול

92 - Cucina

מ	ל	ן	נ	ת	ת	מ	ד	מ	ה	ה	ט	ק	כ	מ	ת
ס	ע	ש	ח	צ	ע	ש	ס	ז	ת	צ	ו	ו	ט	ק	ב
ת	ש	פ	ש	ר	ר	ק	מ	ו	ט	מ	ס	ם	ר	ל	ל
מ	ב	מ	ע	ם	ו	ט	ף	ן	ק	ו	ב	ה	ל	ו	י
ש	ח	מ	ב	א	נ	ש	ש	ו	ת	ט	מ	צ	ק	ת	נ
ג	צ	ב	ג	נ	ת	ס	ם	ף	ח	מ	ק	פ	י	א	י
ס	י	נ	ר	פ	ב	י	ת	ו	ג	ל	ז	מ	כ	כ	ם
ע	צ	נ	י	ן	נ	ח	ו	ל	מ	ד	ל	ח	ט	י	ם
ה	ס	ה	ל	י	כ	ף	י	צ	ת	ש	ת	ה	צ	ל	כ
ח	פ	ל	כ	ד	א	צ	פ	נ	כ	ש	ר	פ	ל	ה	כ
מ	ו	ס	צ	כ	פ	ח	כ	ש	ו	ל	ד	פ	ט	ר	נ
ש	ג	כ	פ	ג	ף	ר	ל	כ	ן	ת	ת	ד	צ	ע	ף
פ	צ	צ	ן	ט	ת	ל	נ	ט	צ	ף	ט	ש	ח	ק	מ
ן	א	מ	כ	ת	י	פ	מ	ג	כ	מ	ד	פ	ף	מ	ף
ס	ף	כ	ג	ה	ת	נ	צ	נ	צ	נ	מ	ג	ת	ל	ם
ב	פ	ר	ן	ר	ע	ח	ג	א	ן	ח	צ	ף	פ	ח	ע

מקלות אכילה
קומקום
כד
מזון
קערה
סכינים
מקפיא
כפיות
מזלגות
תנור

מקרר
סינר
גריל
מצקת
מתכון
תבלינים
ספוג
כוסות
מפית
צנצנת

93 - Giardinaggio

ם	ג	כ	ע	ם	א	נ	ג	א	ף	ג	ד	א	ע	ר	ח
ם	ם	ע	ָ	ל	ק	ס	מ	ק	ש	ן	ד	ח	ם	ח	ר
ל	ה	ס	ל	ר	ז	ט	ף	ל	ע	פ	ר	ה	ל	ס	ף
פ	א	ב	.	ס	ו	ם	ש	י	נ	ו	ח	ר	פ	ה	ף
כ	מ	ה	י	ם	ט	ד	ש	ם	נ	פ	ע	ט	ף	ס	נ
ל	ם	ט	ם	ל	י	כ	א	ע	ב	ט	מ	ד	ה	ת	ם
ל	ב	ט	ס	ו	פ	מ	ו	ק	כ	צ	ו	ם	פ	ם	ף
ר	ב	ל	ת	ח	מ	א	ף	ד	צ	ס	נ	ב	ף	ף	כ
ס	ט	ג	מ	ר	ף	ח	ל	מ	נ	נ	ה	נ	ס	ן	ב
ף	ה	ט	ש	ף	ל	ב	ה	מ	ד	א	פ	ד	ם	ח	ב
ח	ן	כ	ס	ן	ל	א	ש	צ	י	ע	ה	צ	י	ג	ף
ן	ט	ב	ב	ה	צ	ת	ל	י	ת	נ	ו	ע	ע	ל	ה
צ	ס	ב	ס	ת	ר	כ	ן	נ	ו	צ	י	נ	ר	כ	ח
ח	ן	ע	ף	ר	ם	ר	כ	ו	ח	נ	צ	ם	ז	י	י
נ	ם	כ	ת	ל	ט	ס	מ	ר	ל	מ	פ	ח	ן	מ	ר
א	צ	צ	ס	ש	פ	ש	ן	ז	ב	ס	מ	ת	ת	ד	פ

מים
בוטני
אקלים
אכיל
קומפוסט
מיכל
אקזוטי
פריחה
פרחוני
עלה

עָלים
זר
זרעים
מינים
עפר
עונתי
אדמה
צינור
לחות

94 - Universo

א	ד	צ	ר	ג	ג	ג	ע	ג	מ	ה	ח	כ	ן	א	ף
ו	ש	ן	ה	כ	נ	ע	ט	ל	ב	ה	ס	ג	ג	ב	א
פ	ה	ש	ש	ם	ה	ש	ל	ק	ה	ן	ש	ת	כ	א	ד
ק	ב	ה	ב	ג	ם	ף	ף	ס	ע	ל	ו	ל	ס	מ	י
ש	ם	נ	ף	כ	ה	ת	ח	י	ס	מ	ן	ד	ב	ר	א
א	ס	ט	ר	ו	נ	ו	ם	ה	ח	ן	ת	צ	ח	ס	ו
ט	ט	ס	ף	נ	ש	ה	ם	ש	ד	ס	א	ה	ט	ה	ר
ל	ק	ל	ם	ך	י	ר	ח	ג	ש	א	ת	ר	ש	ע	ט
ס	ו	מ	ב	פ	מ	י	כ	כ	מ	ס	ו	פ	ש	ש	ס
ק	ר	ת	ו	א	י	ו	צ	ב	ש	נ	ג	ס	ן	ס	א
ו	ו	ך	ם	ב	מ	ו	צ	ק	ו	ס	מ	י	ו	ל	ג
פ	ח	ר	מ	א	ש	א	ע	מ	צ	ג	צ	מ	ע	ף	ד
צ	ב	ו	ד	מ	כ	ב	י	ר	צ	ט	ב	ה	ג	ר	פ
ח	נ	א	ש	א	ת	ה	ק	ר	ה	ס	ח	ם	כ	ס	ל
כ	ב	ף	ס	ד	כ	נ	ר	ה	ט	נ	ג	ח	ג	ב	כ
ל	נ	ף	ב	ב	ד	ת	ו	ל	ז	מ	ה	ל	ג	ל	ג

קו רוחב
אורך
ירח
מסלול
אופק
שמש
היפוך
טלסקופ
גלוי
גלגל המזלות

אסטרואיד
אסטרונומיה
אסטרונום
אווירה
חושך
שמימי
רקיע
קוסמי
המיספרה
גלקסיה

95 - Jazz

ד	ס	ג	נ	ו	ן	י	ח	ל	מ	ב	צ	ט	ט	ע	ה
ש	ג	ן	ג	ף	מ	מ	ת	ב	ל	ח	פ	ש	מ	ג	ג
ה	ר	ש	ב	א	ח	א	ל	ת	פ	ח	נ	ח	פ	פ	א
ל	ב	י	ם	ה	ה	ט	כ	נ	י	ק	ה	ד	ו	ש	מ
כ	ע	צ	ח	כ	ע	צ	ש	מ	ב	ת	ג	כ	ר	א	ו
ג	ה	ס	א	ת	ם	ב	ח	פ	ן	ג	ם	ב	ס	ט	ז
ע	ף	א	מ	ש	ע	צ	כ	י	ש	ר	ו	ן	ם	ת	י
ם	ט	ר	ד	נ	ב	ק	ט	ר	צ	נ	ו	ק	י	ו	ק
ד	ג	ד	צ	ן	ל	ג	כ	פ	ה	א	צ	ד	פ	פ	ה
צ	ף	מ	ס	ף	א	ג	ד	ף	ח	ז	ש	ג	ד	י	ן
א	ש	ן	ם	ד	נ	צ	ח	ב	ד	ש	ס	ש	ע	ם	כ
ל	ח	ה	ע	ת	פ	מ	ה	א	ש	י	ה	ן	ו	נ	א
ב	ש	מ	ה	ת	ם	ג	ע	ף	ל	ר	ג	ר	מ	נ	ד
ו	ף	ע	פ	ד	פ	ם	ר	ס	ח	ת	ר	ו	מ	ז	ת
ם	נ	כ	ש	כ	ב	ג	נ	ג	ד	ת	ו	ד	ב	ל	ל
א	ת	ל	ל	ג	ס	ס	נ	ת	ר	צ	ע	ר	ל	ף	ח

אלבום
אמן
תופים
שיר
מלחין
הרכב
קונצרט
דגש
מפורסם
ז'אנר

אלתור
מוזיקה
חדש
תזמורת
מועדפים
קצב
סגנון
כישרון
טכניקה
ישן

96 - Vacanze #2

ת	ד	ג	ף	ק	א	ו	ה	ל	ש	ה	ט	ס	ח	ש	ם
ה	פ	ע	ב	א	מ	ה	ד	ם	ש	ב	צ	ג	ו	ד	ג
מ	ב	נ	ש	ש	ד	פ	ע	ח	ט	ל	ח	ם	ף	ה	א
ע	ל	ד	א	ף	ב	מ	י	א	פ	נ	א	י	נ	ת	א
ן	מ	ו	ף	ת	ל	ג	ן	נ	ש	ה	ן	צ	ן	ע	ר
ג	ר	ר	ן	ו	כ	ר	ד	ב	ג	מ	ס	ע	פ	ו	ע
ב	ב	ת	י	נ	ו	מ	ן	א	ב	ש	ח	נ	מ	פ	ר
כ	ח	ב	ף	ו	מ	ס	ע	ד	ה	ז	י	ו	ד	ה	א
ת	ז	כ	מ	מ	ח	ר	ת	ח	ר	ד	פ	ת	צ	ט	ע
ן	ר	ר	ל	ת	ן	ש	א	ב	ו	פ	ג	ם	ג	נ	ר
א	ע	ד	נ	ב	ע	ס	ת	ב	ב	ח	ל	ל	ם	ש	צ
ה	ה	ב	ש	ש	ל	ד	ב	ב	ח	ג	ע	ח	ס	מ	פ
ד	ל	א	ס	ר	ף	ם	ד	ף	ת	ן	מ	ן	ב	ס	צ
מ	ף	פ	ף	ש	כ	ח	ה	ל	ם	ל	ט	ד	ל	א	ח
ע	צ	צ	ח	ט	ח	נ	ג	ש	ת	צ	ה	ת	ה	ס	מ
ח	ל	ם	ע	ש	ב	ח	ד	ס	ן	ר	ת	נ	ת	ל	ה

שדה תעופה
קמפינג
יעד
תמונות
מלון
אי
מפה
ים
דרכון
מסעדה

חוף
זר
מונית
פנאי
אוהל
תחבורה
רכבת
חג
מסע
ויזה

97 - Attività

ר	ל	ה	ם	ע	ן	ק	ט	ס	ן	ס	ק	ש	ג	מ	מ
י	א	ר	נ	ן	ף	ס	ל	ה	ת	כ	ר	ב	ם	א	ף
ק	ט	י	ו	ל	י	ם	ש	פ	נ	א	י	ם	ל	ב	מ
ו	פ	פ	נ	נ	ו	י	ת	ת	כ	פ	א	ש	ג	נ	ן
ד	ע	ת	פ	ל	ד	ס	ה	ר	פ	י	ה	ת	ל	פ	ן
י	י	ב	י	כ	א	ר	ח	נ	ג	ה	א	ש	ס	ג	ן
צ	ל	צ	ף	ף	כ	ט	ר	ט	פ	מ	מ	ח	ף	ר	צ
ש	ו	ס	ע	ג	י	נ	ו	ן	ח	ס	מ	ן	ד	מ	מ
ף	ת	ע	י	ף	ג	י	ת	ע	נ	ש	כ	א	ם	ל	ש
ס	ו	ד	ג	מ	פ	א	ש	ג	נ	י	פ	מ	ק	א	ח
ם	ד	ע	ב	ר	מ	ח	ת	ן	ל	ב	צ	ל	ג	כ	ק
ב	י	ד	ש	ח	ה	ת	ע	מ	י	ו	מ	נ	ו	ת	י
כ	ח	ג	צ	ם	פ	ל	נ	ר	ר	ס	ה	מ	ו	י	ם
ג	ט	ף	א	ב	מ	ד	ו	ד	ר	ה	ג	נ	ף	ד	ר
ב	פ	ב	ף	ע	פ	ה	ג	א	ד	ל	מ	א	ף	ג	מ
ר	ע	ס	צ	ג	ט	ף	ף	ם	ג	א	ב	ה	ס	ם	ן

מיומנות
אמנות
מלאכת יד
פעילות
ציד
קמפינג
תפירה
ריקוד
טיולים
צילום

גינון
משחקים
אינטרסים
קריאה
קסם
דיג
תענוג
חידות
הרפיה
פנאי

98 - Diplomazia

ס	ס	א	ח	ן	א	ט	ש	ד	ע	ת	מ	מ	ע	ם	ף
ה	ו	מ	נ	י	ט	ר	י	ל	ם	ג	ת	ף	א	ש	ט
פ	ס	ר	ר	ם	ל	פ	ט	ע	נ	נ	ף	ר	ת	ג	ר
ו	ט	ה	ב	ע	ל	פ	ן	ן	כ	ה	ץ	ן	ג	ג	צ
ל	ן	ף	נ	ו	ש	י	ת	ו	ף	פ	ע	ו	ל	ה	ת
י	ט	פ	מ	ב	ם	ד	ג	ר	א	צ	ו	ח	ח	ה	ת
ט	ד	ט	ן	כ	ף	ר	ב	ת	ג	ד	י	ט	ם	ל	ו
י	י	ט	ן	ח	ל	ן	ב	פ	ד	ק	ר	י	ר	ג	ש
ק	ה	ג	ג	ף	ט	ד	ר	ט	ר	נ	ח	ב	ע	ב	ג
ה	מ	ת	ג	כ	ג	י	ז	ס	ת	ר	צ	ע	נ	כ	נ
נ	ג	ח	נ	ח	ו	ה	ו	ל	ז	ח	ן	ו	י	ד	ת
מ	ר	ח	ס	ש	ן	מ	ל	א	ח	מ	ק	ה	י	ל	ה
א	נ	ש	ר	א	א	מ	ו	ת	ו	ר	י	ר	ג	ש	ק
כ	פ	ה	ש	פ	מ	ש	צ	ג	ג	נ	ת	ו	פ	ש	י
ל	ב	ת	א	ן	ש	ל	י	ה	ל	צ	צ	ט	ם	א	ת
פ	ג	ם	ר	ן	ש	ה	ה	ש	ח	ם	ע	ם	ת	נ	א

צדק
ממשלה
יושרה
שפות
פוליטיקה
רזולוציה
ביטחון
פתרון
אמנה
הומניטרי

שגרירות
שגריר
אזרחים
קהילה
התנגשות
יועץ
שיתוף פעולה
דיפלומטי
דיון
אתיקה

99 - Forniture Artistiche

כ	י	ס	א	ף	נ	ן	מ	ח	ל	ל	ט	ם	ד	צ	ן
ה	מ	ל	צ	מ	ה	מ	ג	ר	ף	ד	ה	ל	ב	ט	ג
א	י	מ	ב	ר	ש	ו	ת	ס	פ	ל	י	ת	ק	ל	צ
ד	ם	י	ל	ט	ס	פ	ן	צ	ת	ו	נ	ו	ר	פ	ע
ש	י	כ	ן	צ	י	ו	ר	ר	ש	ת	י	נ	ם	צ	ד
צ	מ	ב	נ	א	ק	ר	י	ל	י	ק	צ	ו	ע	ג	ט
פ	י	ב	מ	י	מ	ה	ל	כ	א	ש	י	י	א	ש	ס
פ	ע	פ	צ	ר	י	צ	ב	ע	י	ם	ר	ע	ג	מ	ג
ח	ב	נ	א	ל	צ	ר	כ	ב	ל	ס	ת	ר	ג	ב	כ
ת	צ	פ	ת	ג	ד	צ	ב	ן	ן	ע	י	ג	נ	ל	ט
ם	ת	ח	ף	ת	ד	ם	ן	ח	ד	ש	ו	ט	ר	ם	א
ף	ש	ל	ח	ף	ה	ס	ס	ן	נ	ד	ת	ר	א	ד	ד
פ	ב	מ	ף	ע	מ	צ	ט	כ	ס	ל	ה	ש	ט	ה	ה
ש	ח	ן	ט	א	ח	מ	נ	ן	א	ת	ש	מ	ת	ר	צ
נ	ס	ם	ם	ש	ק	ת	מ	מ	ע	ח	ר	ן	ט	נ	ס
ם	כ	ם	ף	נ	מ	ף	כ	ג	פ	כ	ל	ל	ת	ט	ע

מים
צבעי מים
אקריליק
חרס
פחם
נייר
כן ציור
דבק
צבעים
יצירתיות

מחק
רעיונות
דיו
עפרונות
שמן
פסטלים
כיסא
מברשות
טבלה
מצלמה

100 - Misurazioni

ב	ס	ף	ב	ג	ם	ע	ס	ב	ב	ח	ר	מ	ח	ת	ח
א	ח	ד	כ	פ	ה	ב	ו	ג	ת	ב	א	ט	ן	ו	ט
ר	ב	ן	מ	ט	ר	ס	נ	ט	י	מ	ט	ר	ק	א	ל
ד	ו	ן	נ	ש	ה	ם	מ	נ	ב	ג	ח	נ	י	ר	ט
ח	ג	ח	ש	ד	מ	ט	ע	ם	ף	ר	ל	ר	ל	ה	ס
ן	ן	פ	ב	ר	צ	א	ש	פ	ע	ע	ת	מ	ו	ל	ר
ש	ר	נ	כ	ב	ל	ע	ר	ס	ף	ה	ם	פ	ג	נ	ס
כ	ן	ח	ל	ף	י	ה	ו	פ	מ	ג	ה	ס	ר	ם	ר
א	ס	ד	ק	ה	ט	ץ	נ	י	א	ח	מ	ן	ם	א	ע
א	מ	ע	א	ש	ר	א	י	א	ו	נ	ק	י	י	ת	ת
פ	ג	ו	נ	ו	מ	ה	פ	מ	ש	ק	ל	מ	ן	א	א
ג	ר	מ	ן	ר	ר	ב	ע	ט	מ	ב	פ	מ	א	צ	ש
ח	ם	ק	פ	ג	מ	ך	ב	ד	ת	א	נ	ת	מ	ף	ב
ל	ט	ט	נ	ת	ת	מ	ס	ל	ת	נ	נ	ח	ם	ס	כ
ק	י	ל	ו	מ	ט	ר	מ	ר	ף	ג	א	ח	מ	ע	צ
נ	ת	ג	פ	ע	ד	ת	ף	ת	ח	א	ל	ן	פ	ג	ש

אורך
מסה
מטר
דקה
אונקיית
משקל
אינץ
עומק
טון
נפח

גובה
בית
סנטימטר
קילוגרם
קילומטר
עשרוני
תואר
גרם
רוחב
ליטר

1 - Scacchi

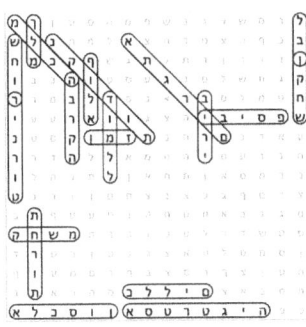

2 - Salute e Benessere #2

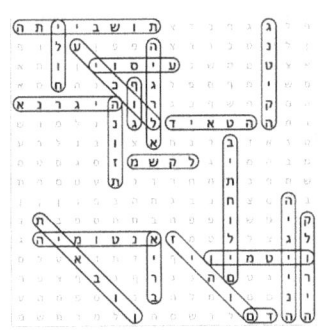

3 - Aggettivi #2

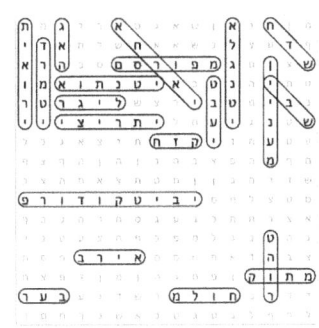

4 - Ingegneria

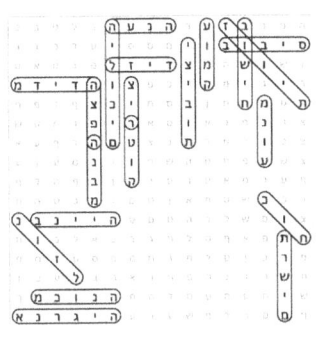

5 - Archeologia

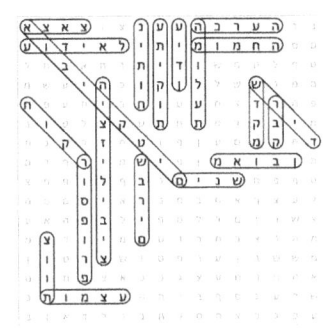

6 - Salute e Benessere #1

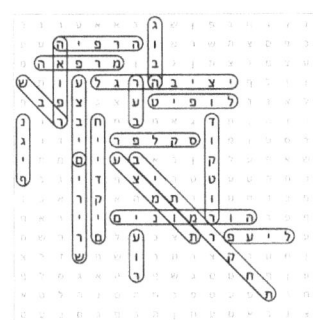

7 - Aggettivi #1

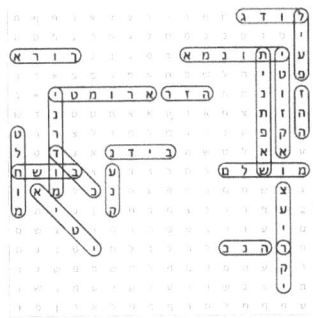

8 - Geologia

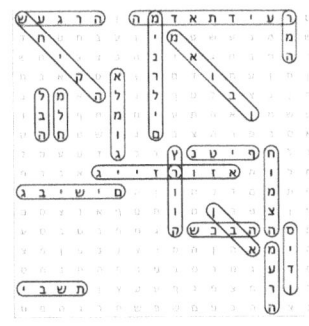

9 - Campeggio

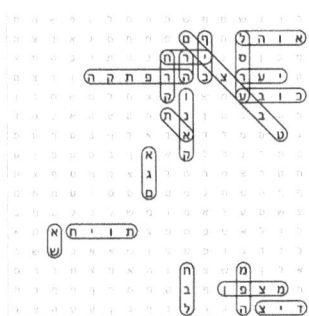

10 - Tempo

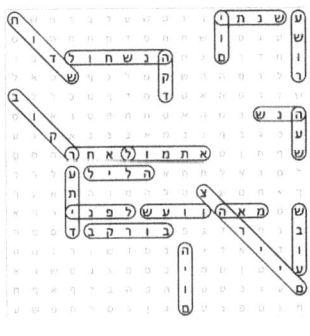

11 - Astronomia

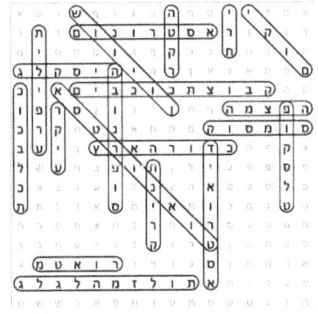

12 - Algebra

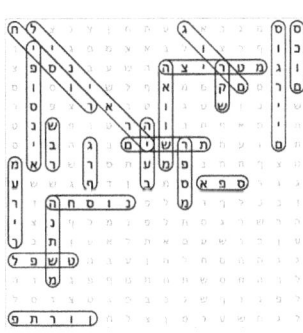

13 - Mitologia

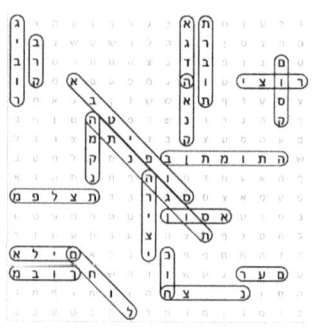

14 - Piante

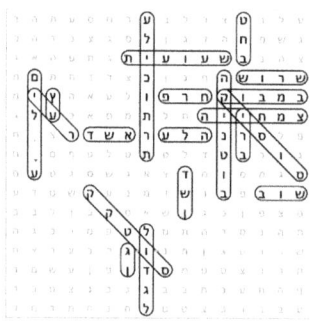

15 - Spezie

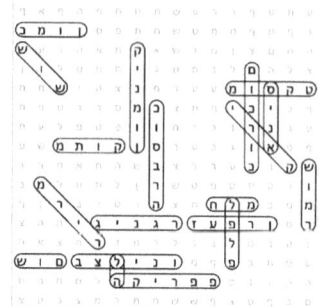

16 - Numeri

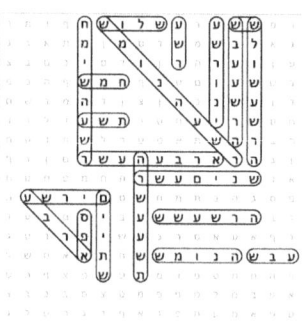

17 - Cioccolato

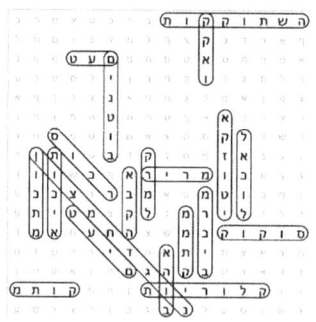

18 - Guida

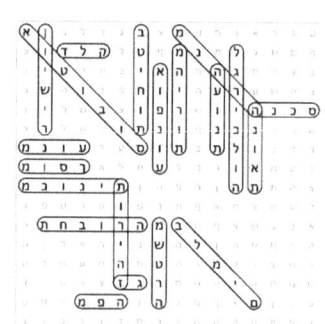

19 - I Media

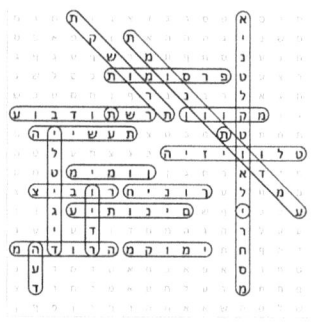

20 - Forza e Gravità

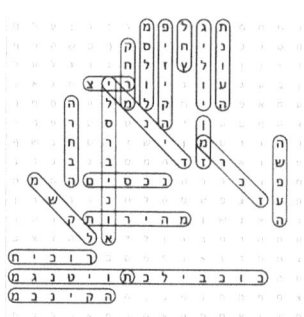

21 - Sport

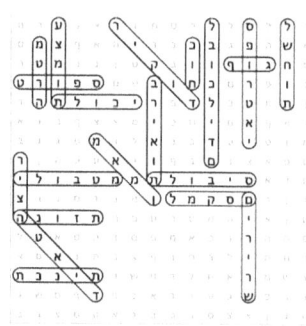

22 - Uccelli

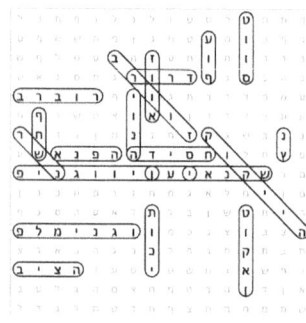

23 - Giorni e Mesi

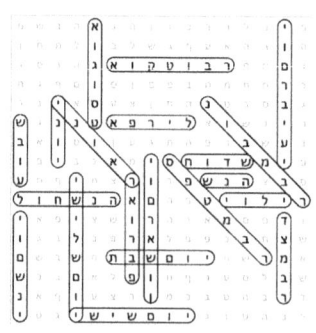

24 - Casa

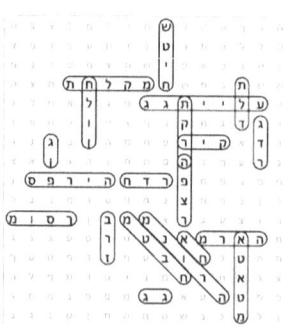

25 - Ristorante #1

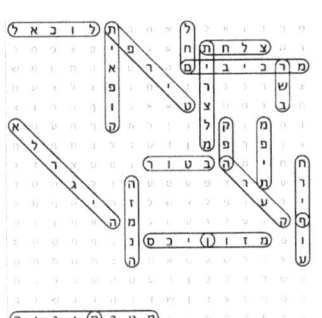

26 - Fantascienza

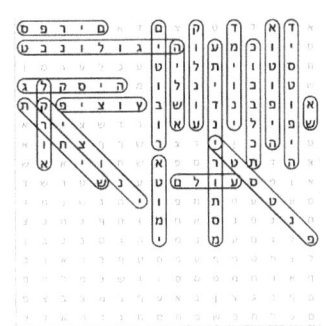

27 - Città

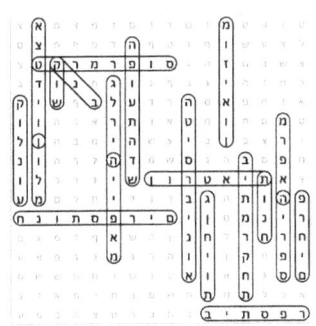

28 - Fattoria #1

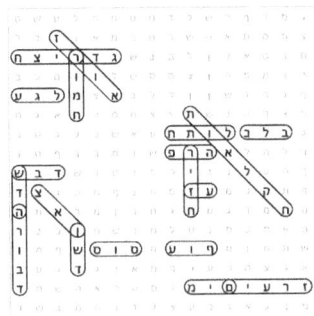

29 - Psicologia

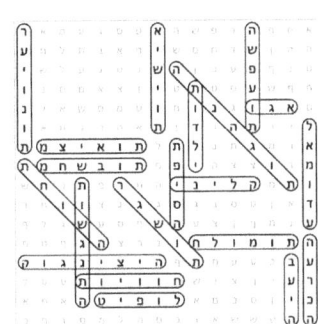

30 - Paesaggi

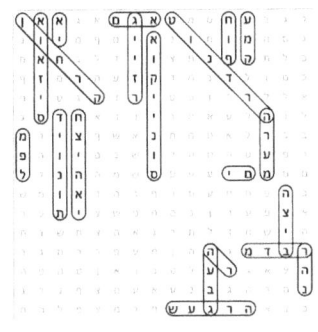

31 - Energia

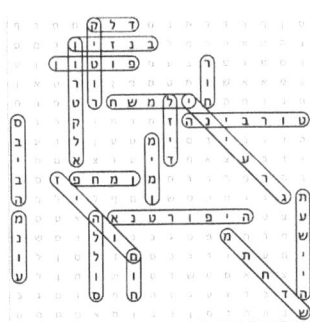

32 - Ristorante #2

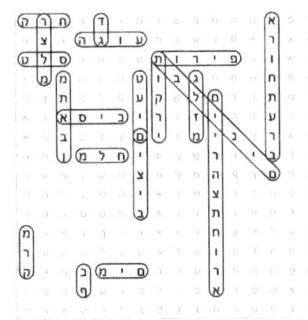

33 - Moda

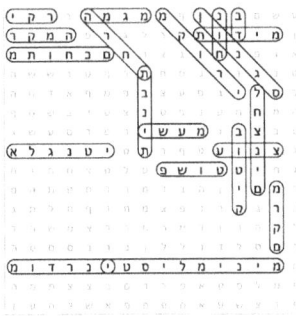

34 - Giardino

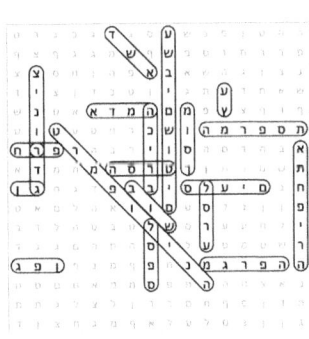

35 - Riscaldamento Gl

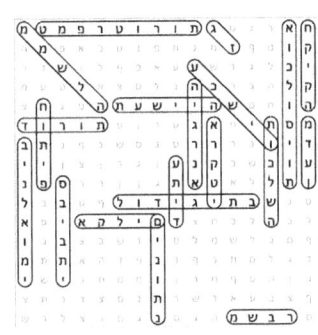

36 - Frutta

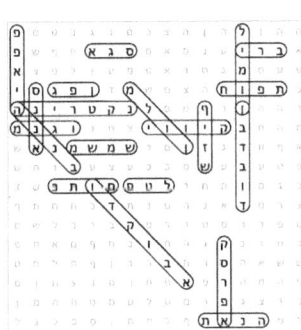

37 - Fattoria #2

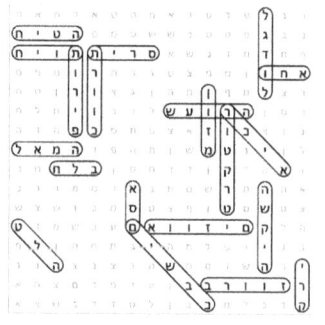

38 - Verdure

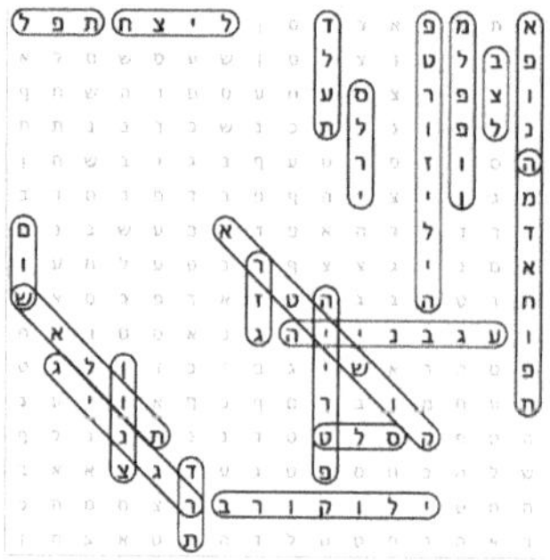

39 - Musica

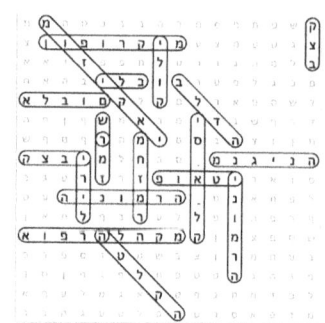

40 - Barbecue

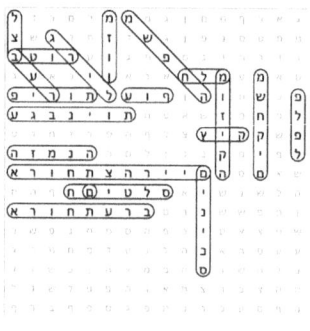

41 - Insetti

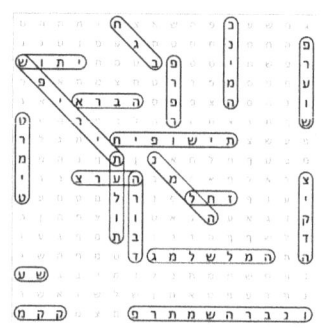

42 - Fisica

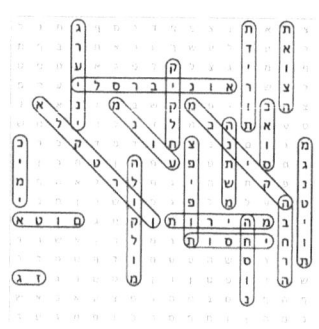

43 - Agronomia

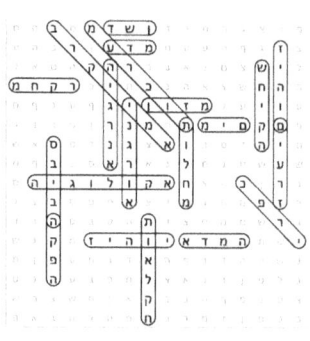

44 - Erboristeria

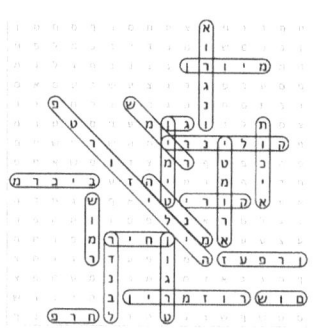

45 - Biologia

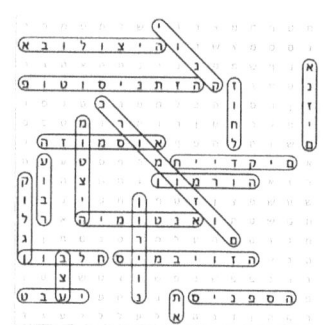

46 - Attività Commerciale

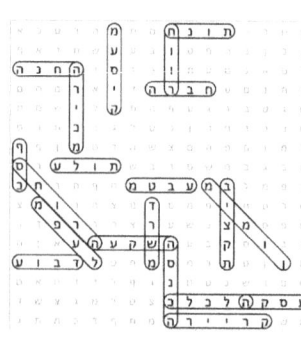

47 - Fiori

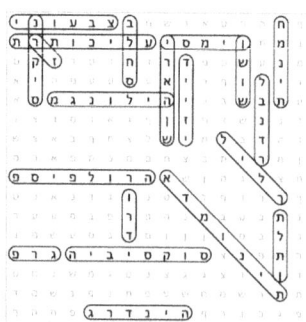

48 - Filantropia

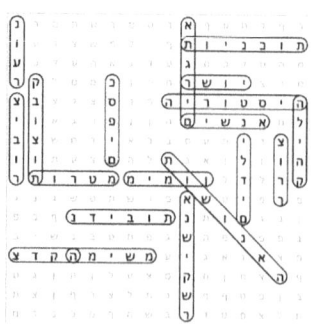

49 - Discipline Scientifiche

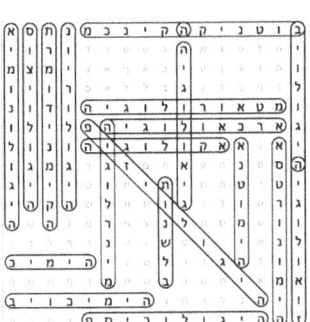

50 - Scienza

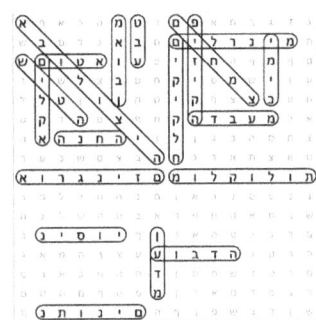

51 - Imbarcazioni

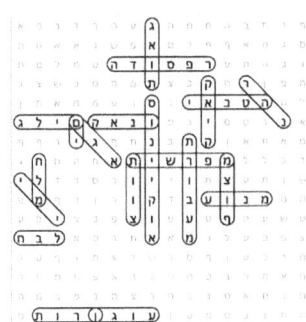

52 - Chimica

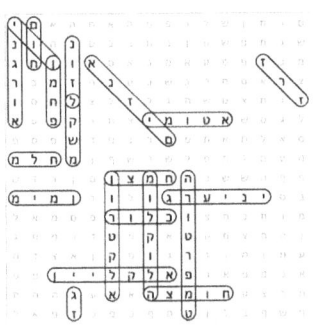

53 - Strumenti Musicali

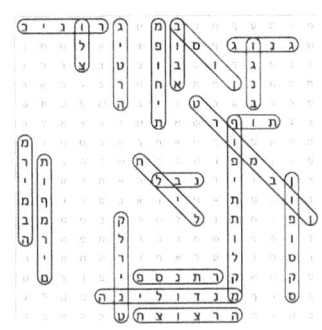

54 - Professioni #2

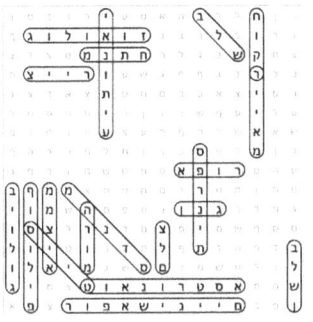

55 - Letteratura

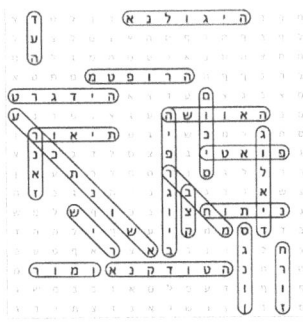

56 - Cibo #2

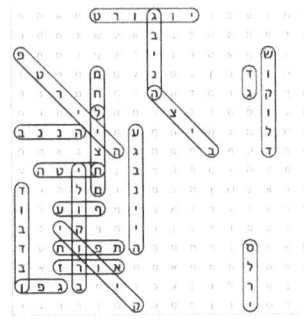

57 - Nutrizione

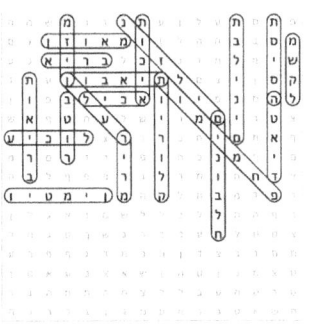

58 - Matematica

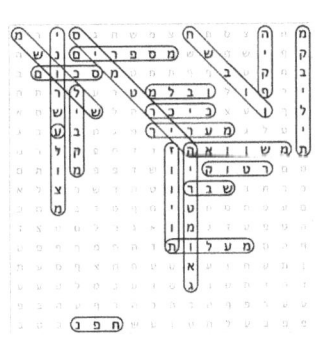

59 - Meditazione

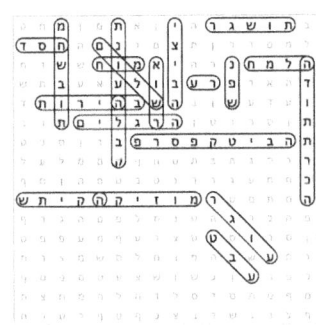

60 - Elettricità

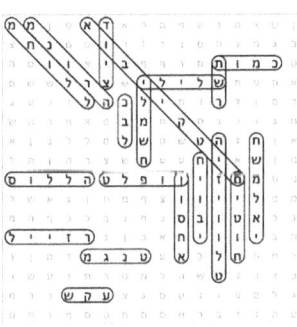

61 - Antiquariato

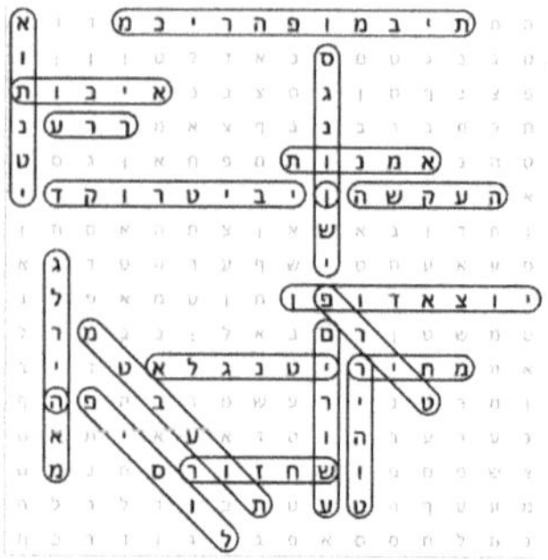

62 - Escursionismo

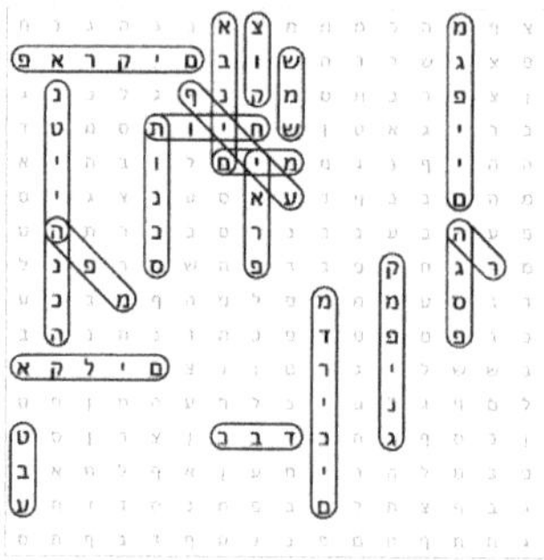

63 - Professioni #1

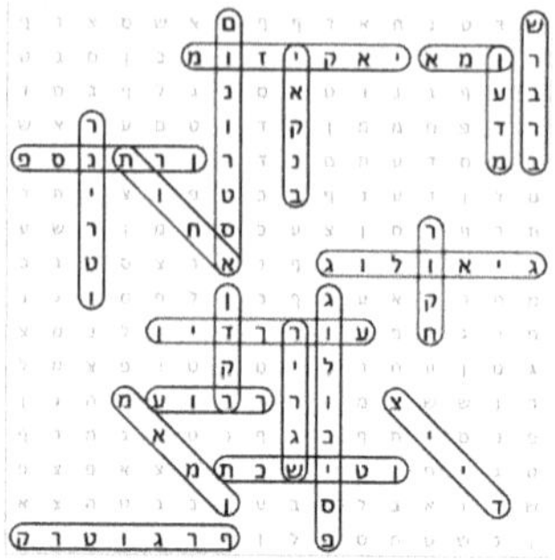

64 - Antartide

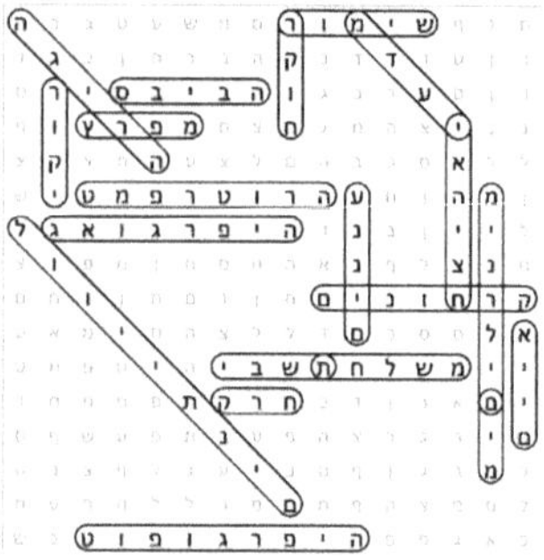

65 - Libri

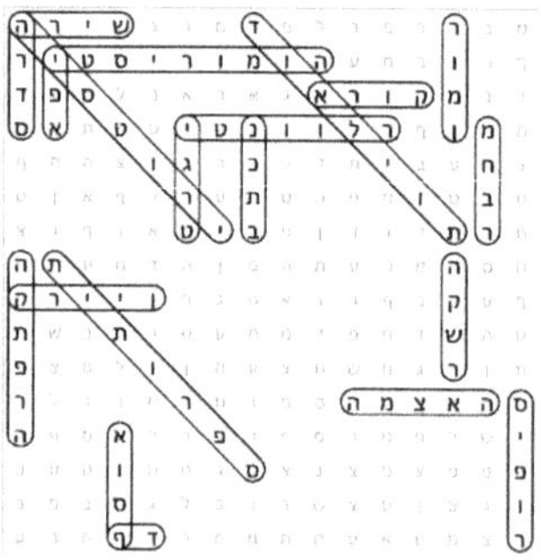

66 - Geografia

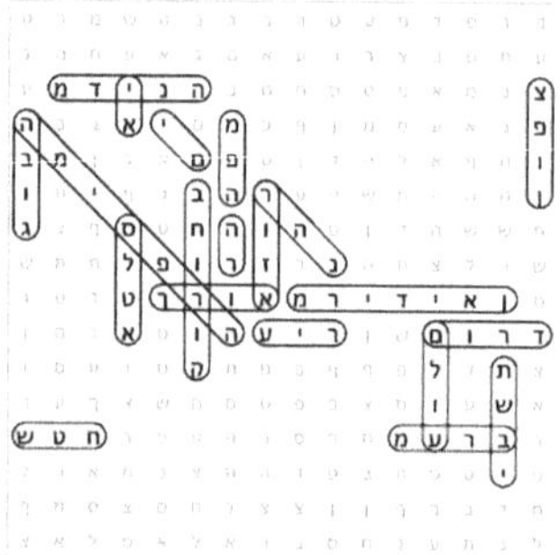

67 - Cibo #1

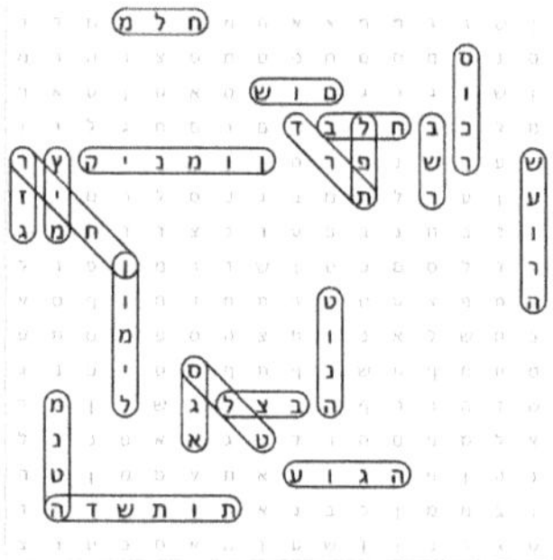

68 - Etica

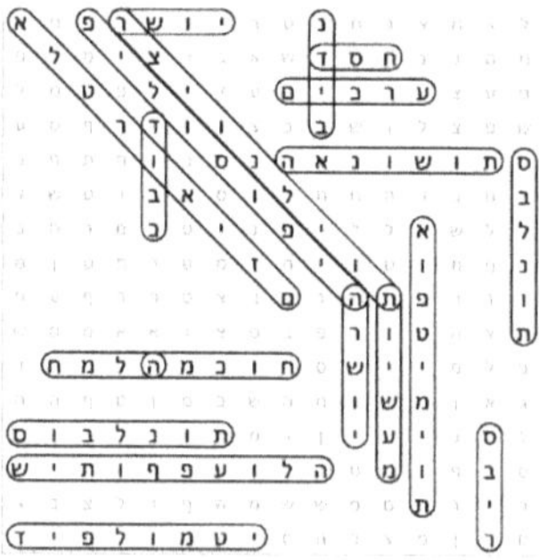

69 - Aeroplani

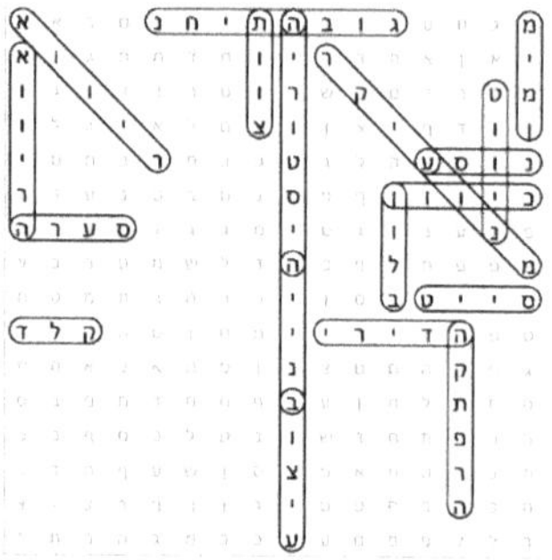

70 - Governo

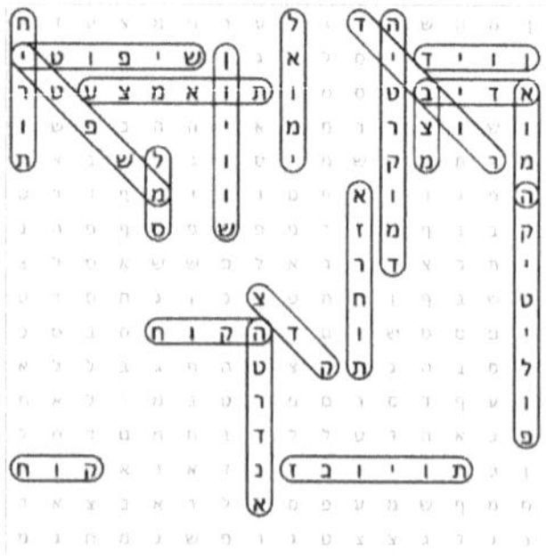

71 - Bellezza

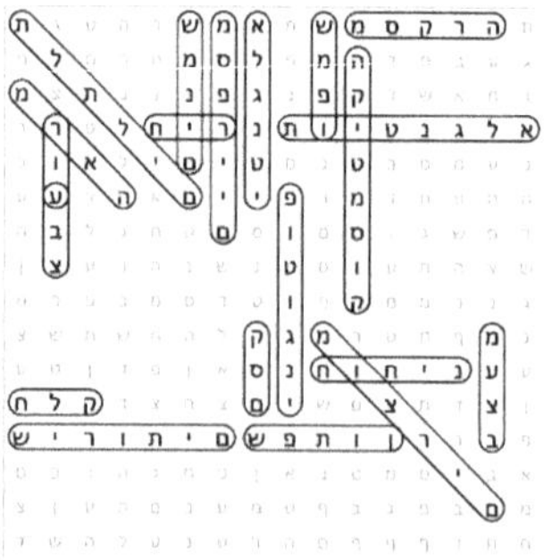

72 - Avventura

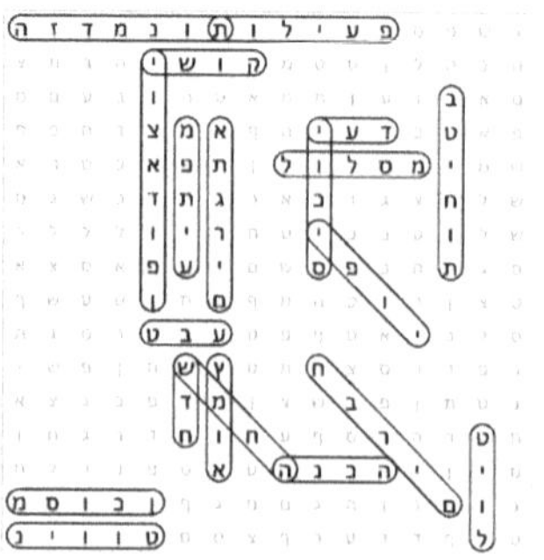

73 - Oceano

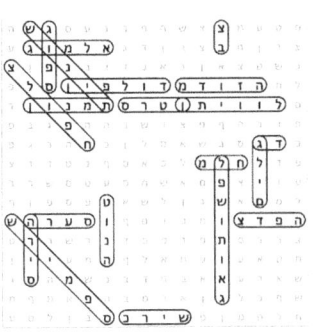

74 - Famiglia

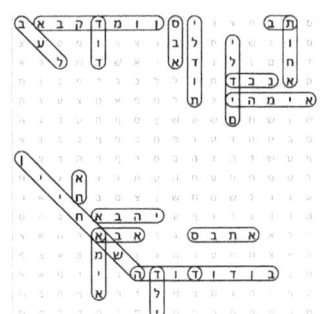

75 - Creatività

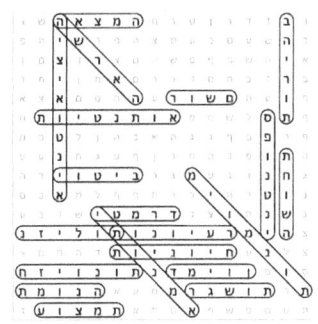

76 - Veicoli

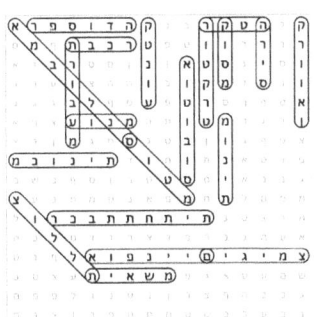

77 - Emozioni

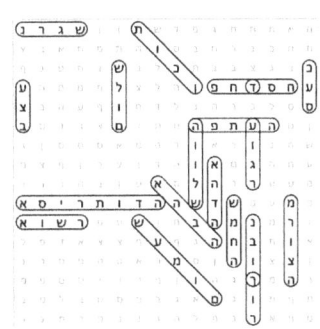

78 - Natura

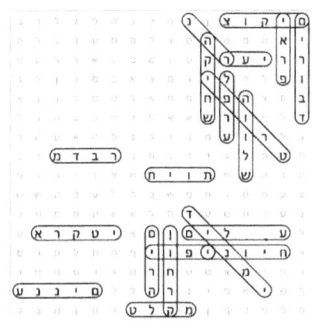

79 - Balletto

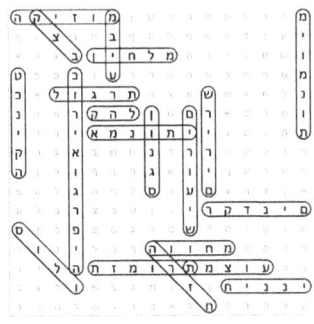

80 - Paesi #1

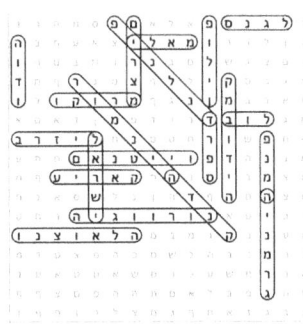

81 - Geometria

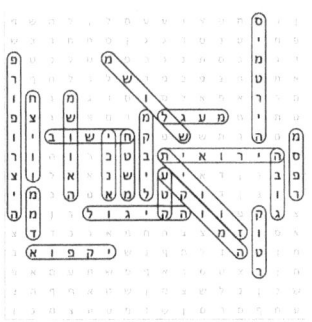

82 - Foresta Pluviale

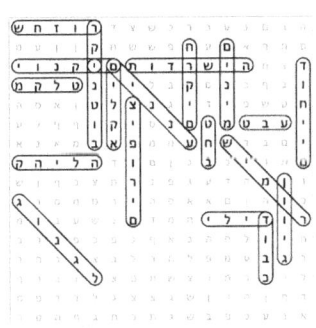

83 - Edifici

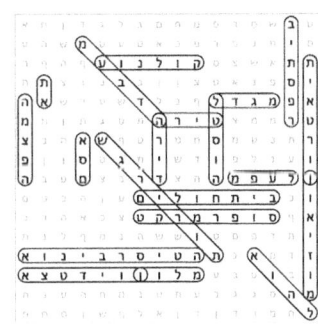

84 - Malattia

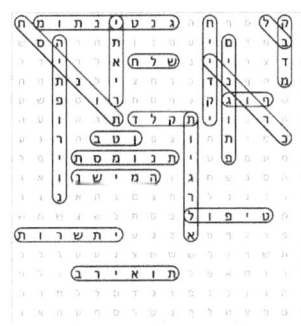

85 - Paesi #2

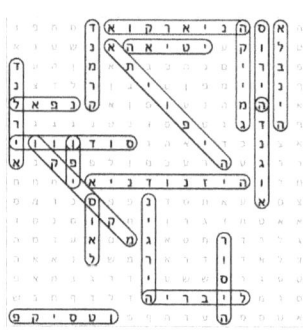

86 - Tipi di Capelli

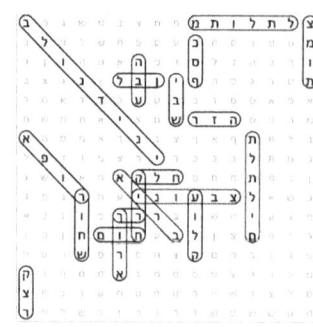

87 - Vestiti

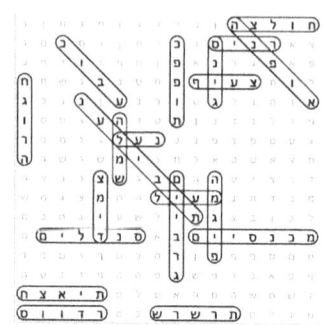

88 - Attività e Tempo Libero

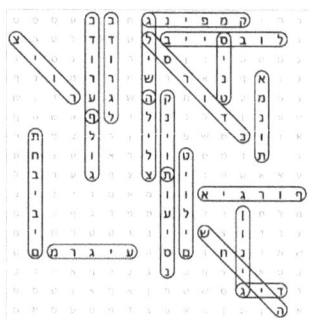

89 - Meteo

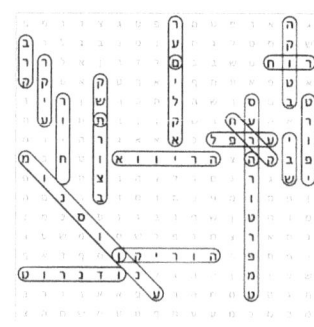

90 - Corpo Umano

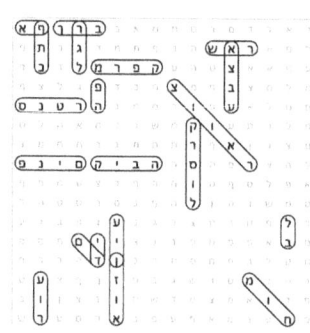

91 - Mammiferi

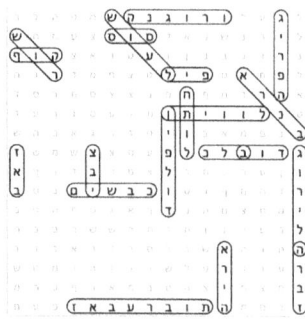

92 - Cucina

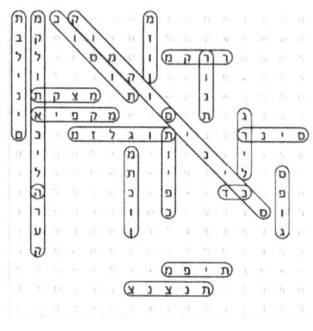

93 - Giardinaggio

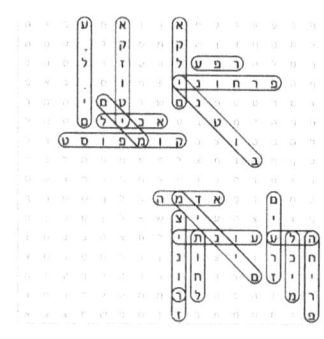

94 - Universo

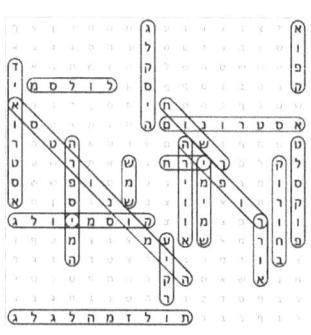

95 - Jazz

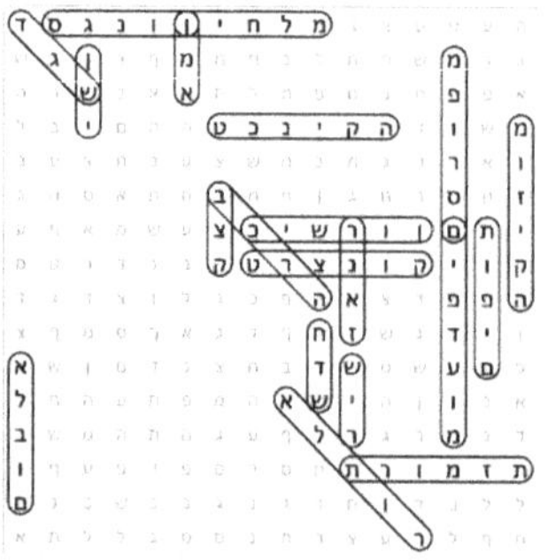

96 - Vacanze #2

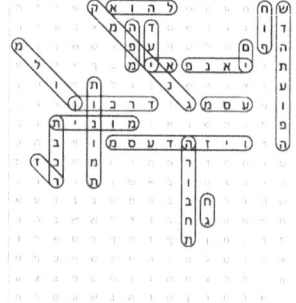

97 - Attività

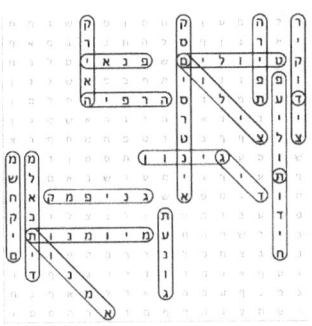

98 - Diplomazia

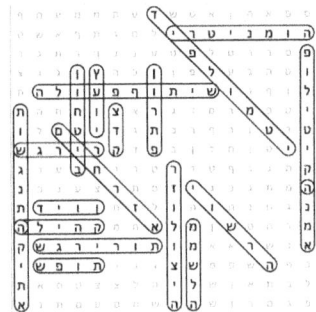

99 - Forniture Artistiche

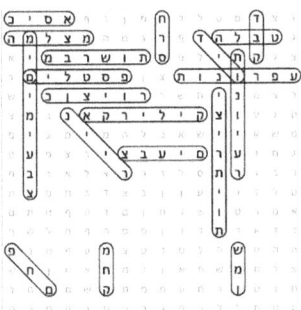

100 - Misurazioni

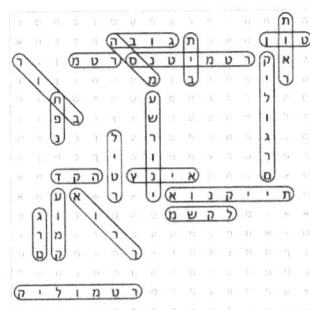

Dizionario

Aeroplani
םיסוטמ

Altezza	הבוג
Aria	ריווא
Atmosfera	הריווא
Atterraggio	התיחנ
Avventura	הקתפרה
Carburante	קלד
Cielo	עיקר
Costruzione	היינב
Design	בוציע
Direzione	ןוויכ
Discesa	הדירי
Equipaggio	תווצ
Idrogeno	ןמימ
Motore	עונמ
Navigare	טווינ
Palloncino	ןולב
Passeggero	עסונ
Pilota	סייט
Storia	הירוטסיה
Turbolenza	הרעס

Agronomia
הימונורגא

Acqua	םימ
Agricoltura	תואלקח
Ambiente	הביבס
Cibo	ןוזמ
Ecologia	היגולוקא
Energia	היגרנא
Erosione	הקיחש
Fertilizzante	ןשד
Identificazione	יוהיז
Inquinamento	םוהיז
Malattie	תולחמ
Organico	ינגרוא
Produzione	הקפה
Rurale	ירפכ
Scienza	עדמ
Semi	םיערז
Sistemi	תוכרעמ
Sostenibile	אמייק רב
Studio	רקחמ
Suolo	המדא

Aggettivi #1
#1 ראות תומש

Ambizioso	תינתפאש
Aromatico	יטמורא
Artistico	יתונמא
Assoluto	טלחומ
Attivo	ליעפ
Enorme	קנע
Esotico	יטוזקא
Generoso	בידנ
Giovane	ריעצ
Grande	לודג
Identico	ההז
Importante	בושח
Lento	יטיא
Lungo	ךורא
Moderno	ינרדומ
Onesto	ןכ
Perfetto	םלשומ
Pesante	דבכ
Prezioso	רקי
Sottile	קד

Algebra
הרבגלא

Diagramma	םישרת
Equazione	האוושמ
Esponente	ךירעמ
Falso	רקש
Fattore	םרוג
Formula	החסונ
Frazione	רבש
Grafico	ףרג
Infinito	יפוסניא
Lineare	יראיניל
Matrice	הצירטמ
Numero	רפסמ
Parentesi	םייירגוס
Problema	היעב
Semplificare	טשפל
Soluzione	ןורתפ
Somma	םוכס
Sottrazione	רוסיח
Variabile	הנתשמ
Zero	ספא

Aggettivi #2
#2 ראות תומש

Affamato	בער
Asciutto	שבי
Autentico	יתנתוא
Creativo	יתריצי
Descrittivo	יראות
Dolce	קותמ
Drammatico	יטמרד
Elegante	יטנגלא
Famoso	םסרופמ
Forte	קזח
Interessante	ןיינעמ
Naturale	יעבט
Normale	ליגר
Nuovo	שדח
Orgoglioso	האג
Produttivo	יביטקודורפ
Puro	רוהט
Responsabile	יארחא
Salato	חולמ
Sano	אירב

Antartide
הקיטקראטנא

Acqua	םימ
Ambiente	הביבס
Baia	ץרפמ
Balene	םינתייוול
Conservazione	רומיש
Continente	תשבי
Geografia	היפרגואג
Ghiacciai	םינוחרק
Ghiaccio	חרק
Isole	םייא
Migrazione	הריגה
Minerali	םילרנימ
Nuvole	םיננע
Penisola	יאה יצח
Ricercatore	רקוח
Roccioso	ירוק
Scientifico	יעדמ
Spedizione	תחלשמ
Temperatura	הרוטרפמט
Topografia	היפרגופוט

Antiquariato
עתיקות

Arte	אמנות
Articolo	פריט
Asta	מכירה פומבית
Autentico	אותנטי
Decenni	עשורים
Decorativo	דקורטיבי
Elegante	אלגנטי
Galleria	גלריה
Insolito	יוצא דופן
Investimento	השקעה
Mobilio	ריהוט
Monete	מטבעות
Prezzo	מחיר
Qualità	איכות
Restauro	שחזור
Scultura	פיסול
Secolo	מאה
Stile	סגנון
Valore	ערך
Vecchio	ישן

Archeologia
ארכיאולוגיה

Analisi	ניתוח
Anni	שנים
Antichità	עתיקות
Civiltà	ציביליזציה
Discendente	צאצא
Era	עידן
Esperto	מומחה
Fossile	מאובן
Frammenti	שברים
Mistero	תעלומה
Oggetti	אובייקטים
Ossa	עצמות
Professore	פרופסור
Reliquia	שריד
Ricercatore	חוקר
Sconosciuto	לא ידוע
Squadra	צוות
Tempio	מקדש
Tomba	קבר
Valutazione	הערכה

Astronomia
אסטרונומיה

Asteroide	אסטרואיד
Astronauta	אסטרונאוט
Astronomo	אסטרונום
Cielo	רקיע
Cosmo	קוסמוס
Costellazione	קבוצת כוכבים
Equinozio	שוויון
Galassia	גלקסיה
Luna	ירח
Meteora	מטאור
Nebulosa	ערפילית
Osservatorio	מצפה
Pianeta	כוכב לכת
Radiazione	קרינה
Razzo	רקטה
Supernova	סופרנובה
Telescopio	טלסקופ
Terra	כדור הארץ
Universo	יקום
Zodiaco	גלגל המזלות

Attività
פעילויות

Abilità	מיומנות
Arte	אמנות
Artigianato	מלאכת יד
Attività	פעילות
Caccia	ציד
Campeggio	קמפינג
Cucire	תפירה
Danza	ריקוד
Escursioni	טיולים
Fotografia	צילום
Giardinaggio	גינון
Giochi	משחקים
Interessi	אינטרסים
Lettura	קריאה
Magia	קסם
Pesca	דיג
Piacere	תענוג
Puzzle	חידות
Rilassamento	הרפיה
Tempo Libero	פנאי

Attività Commerciale
עסקים

Bilancio	תקציב
Carriera	קריירה
Costo	עלות
Datore di Lavoro	מעסיק
Dipendente	עובד
Economia	כלכלה
Fabbrica	מפעל
Finanza	מימון
Investimento	השקעה
Merce	סחורה
Negozio	חנות
Profitto	רווח
Reddito	הכנסה
Sconto	הנחה
Società	חברה
Soldi	כסף
Transazione	עסקה
Ufficio	משרד
Valuta	מטבע
Vendita	מכירה

Attività e Tempo Libero
פעילויות פנאי

Arte	אמנות
Baseball	בייסבול
Basket	כדורסל
Boxe	איגרוף
Calcio	כדורגל
Campeggio	קמפינג
Escursioni	טיולים
Giardinaggio	גינון
Golf	גולף
Hobby	תחביבים
Immersione	צלילה
Nuoto	שחייה
Pallavolo	כדורעף
Pesca	דיג
Pittura	ציור
Rilassante	מרגיע
Shopping	קניות
Surf	גלישה
Tennis	טניס
Viaggio	נסיעות

Avventura

הרפתקה

Amici	חברים
Attività	פעילות
Bellezza	יופי
Caso	סיכוי
Coraggio	אומץ
Destinazione	יעד
Difficoltà	קושי
Escursione	טיול
Gioia	שמחה
Insolito	יוצא דופן
Itinerario	מסלול
Natura	טבע
Navigazione	ניווט
Nuovo	חדש
Opportunità	הזדמנות
Pericoloso	מסוכן
Preparazione	הכנה
Sfide	אתגרים
Sicurezza	בטיחות
Sorprendente	מפתיע

Balletto

בלט

Abilità	מיומנות
Artistico	אומנותי
Assolo	סולו
Ballerini	רקדנים
Compositore	מלחין
Coreografia	כוריאוגרפיה
Espressivo	מביע
Gesto	מחווה
Grazioso	חינני
Intensità	עוצמת
Lezioni	שיעורים
Muscoli	שרירים
Musica	מוזיקה
Orchestra	תזמורת
Pratica	תרגול
Prova	חזרה
Pubblico	קהל
Ritmo	קצב
Stile	סגנון
Tecnica	טכניקה

Barbecue

ברביקיו

Caldo	חם
Cena	ארוחת ערב
Cibo	מזון
Cipolle	בצל
Coltelli	סכינים
Estate	קיץ
Fame	רעב
Famiglia	משפחה
Frutta	פירות
Giochi	משחקים
Griglia	גריל
Insalate	סלטים
Invito	הזמנה
Musica	מוזיקה
Pepe	פלפל
Pollo	עוף
Pomodori	עגבניות
Pranzo	ארוחת צהריים
Sale	מלח
Salsa	רוטב

Bellezza

יופי

Colore	צבע
Cosmetici	קוסמטיקה
Elegante	אלגנטי
Eleganza	אלגנטיות
Fascino	קסם
Forbici	מספריים
Fotogenico	פוטוגני
Fragranza	ניחוח
Liscio	חלק
Mascara	מסקרה
Oli	שמנים
Pelle	עור
Prodotti	מוצרים
Profumo	ריח
Riccioli	תלתלים
Rossetto	שפתון
Servizi	שירותים
Shampoo	שמפו
Specchio	מראה
Stilista	מעצב

Biologia

ביולוגיה

Anatomia	אנטומיה
Batteri	חיידקים
Cellula	תא
Collagene	קולגן
Cromosoma	כרומוזום
Embrione	עובר
Enzima	אנזים
Evoluzione	אבולוציה
Fotosintesi	פוטוסינתזה
Mammifero	יונק
Mutazione	מוטציה
Naturale	טבעי
Nervo	עצב
Neurone	נוירון
Ormone	הורמון
Osmosi	אוסמוזה
Proteina	חלבון
Rettile	זוחל
Simbiosi	סימביוזה
Sinapsi	סינפסה

Campeggio

מחנאות

Alberi	עצים
Amaca	ערסל
Animali	חיות
Avventura	הרפתקה
Bussola	מצפן
Cabina	תא
Caccia	ציד
Canoa	קאנו
Cappello	כובע
Corda	חבל
Divertimento	כיף
Foresta	יער
Fuoco	אש
Insetto	חרק
Lago	אגם
Luna	ירח
Mappa	מפה
Montagna	הר
Natura	טבע
Tenda	אוהל

Casa
תיב

Attico	עליית גג
Biblioteca	ספריה
Camera	חדר
Camino	אח
Cucina	מטבח
Doccia	מקלחת
Finestra	חלון
Garage	מוסך
Giardino	גן
Lampada	מנורה
Parete	קיר
Pavimento	רצפה
Porta	דלת
Recinto	גדר
Rubinetto	ברז
Scopa	מטאטא
Soffitto	תקרה
Specchio	מראה
Tappeto	שטיח
Tetto	גג

Chimica
כימיה

Acido	חומצה
Alcalino	אלקליי
Atomico	אטומי
Calore	חום
Carbonio	פחמן
Catalizzatore	זרז
Cloro	כלור
Elettrone	אלקטרון
Enzima	אנזים
Gas	גז
Idrogeno	מימן
Ione	יון
Liquido	נוזל
Molecola	מולקולה
Nucleare	גרעיני
Organico	אורגני
Ossigeno	חמצן
Peso	משקל
Sale	מלח
Temperatura	טמפרטורה

Cibo #1
מזון #1

Aglio	שום
Basilico	ריחן
Cannella	קינמון
Carne	בשר
Carota	גזר
Cipolla	בצל
Fragola	תות שדה
Insalata	סלט
Latte	חלב
Limone	לימון
Menta	מנטה
Orzo	שעורה
Pera	אגס
Rapa	לפת
Sale	מלח
Spinaci	תרד
Succo	מיץ
Tonno	טונה
Torta	עוגה
Zucchero	סוכר

Cibo #2
מזון #2

Banana	בננה
Broccolo	ברוקולי
Ciliegia	דובדבן
Cioccolato	שוקולד
Formaggio	גבינה
Fungo	פטרייה
Grano	חיטה
Kiwi	קיווי
Mela	תפוח
Melanzana	חציל
Pane	לחם
Pesce	דג
Pollo	עוף
Pomodoro	עגבניה
Prosciutto	חם
Riso	אורז
Sedano	סלרי
Uovo	ביצה
Uva	ענב
Yogurt	יוגורט

Cioccolato
שוקולד

Amaro	מריר
Antiossidante	נוגד חמצון
Arachidi	בוטנים
Brama	השתוקקות
Cacao	קקאו
Calorie	קלוריות
Caramella	ממתק
Caramello	קרמל
Delizioso	טעים
Dolce	מתוק
Esotico	אקזוטי
Gusto	טעם
Ingrediente	מרכיב
Mangiare	לאכול
Noce di Cocco	קוקוס
Polvere	אבקה
Preferito	אהוב
Qualità	איכות
Ricetta	מתכון
Zucchero	סוכר

Città
עריה

Aeroporto	שדה תעופה
Banca	בנק
Biblioteca	ספריה
Cinema	קולנוע
Clinica	מרפאה
Farmacia	בית מרקחת
Fiorista	פרחים
Galleria	גלריה
Hotel	מלון
Libreria	חנות ספרים
Mercato	שוק
Museo	מוזיאון
Negozio	חנות
Panetteria	מאפייה
Scuola	בית ספר
Stadio	אצטדיון
Supermercato	סופרמרקט
Teatro	תיאטרון
Università	אוניברסיטה
Zoo	גן חיות

Corpo Umano

גוף האדם

Bocca	פה
Caviglia	קרסול
Cervello	מוח
Collo	צוואר
Cuore	לב
Dito	אצבע
Faccia	פנים
Gamba	רגל
Ginocchio	ברך
Gomito	מרפק
Mano	יד
Mento	סנטר
Naso	אף
Occhio	עין
Orecchio	אוזן
Pelle	עור
Sangue	דם
Spalla	כתף
Stomaco	קיבה
Testa	ראש

Creatività

יצירתיות

Abilità	מיומנות
Artistico	אמנותי
Autenticità	אותנטיות
Chiarezza	בהירות
Drammatico	דרמטי
Emozioni	רגשות
Espressione	ביטוי
Fluidità	נזילות
Idee	רעיונות
Immaginazione	דמיון
Immagine	תמונה
Impressione	רושם
Intensità	עוצמת
Intuizione	אינטואיציה
Inventivo	המצאה
Ispirazione	השראה
Sensazione	תחושה
Spontaneo	ספונטני
Visioni	חזיונות
Vitalità	חיוניות

Cucina

מטבח

Bacchette	מקלות אכילה
Bollitore	קומקום
Brocca	כד
Cibo	מזון
Ciotola	קערה
Coltelli	סכינים
Congelatore	מקפיא
Cucchiai	כפיות
Forchette	מזלגות
Forno	תנור
Frigorifero	מקרר
Grembiule	סינר
Griglia	גריל
Mestolo	מצקת
Ricetta	מתכון
Spezie	תבלינים
Spugna	ספוג
Tazze	כוסות
Tovagliolo	מפית
Vaso	צנצנת

Diplomazia

דיפלומטיה

Ambasciata	שגרירות
Ambasciatore	שגריר
Cittadini	אזרחים
Comunità	קהילה
Conflitto	התנגשות
Consigliere	יועץ
Cooperazione	שיתוף פעולה
Diplomatico	דיפלומטי
Discussione	דיון
Etica	אתיקה
Giustizia	צדק
Governo	ממשלה
Integrità	יושרה
Lingue	שפות
Politica	פוליטיקה
Risoluzione	רזולוציה
Sicurezza	ביטחון
Soluzione	פתרון
Trattato	אמנה
Umanitario	הומניטרי

Discipline Scientifiche

דיסציפלינות מדעיות

Anatomia	אנטומיה
Archeologia	ארכאולוגיה
Astronomia	אסטרונומיה
Biochimica	ביוכימיה
Biologia	ביולוגיה
Botanica	בוטניקה
Chimica	כימיה
Ecologia	אקולוגיה
Fisiologia	פיזיולוגיה
Geologia	גיאולוגיה
Immunologia	אימונולוגיה
Linguistica	בלשנות
Meccanica	מכניקה
Meteorologia	מטאורולוגיה
Mineralogia	מינרלוגיה
Neurologia	נוירולוגיה
Psicologia	פסיכולוגיה
Sociologia	סוציולוגיה
Termodinamica	תרמודינמיקה
Zoologia	זואולוגיה

Edifici

בניינים

Ambasciata	שגרירות
Appartamento	דירה
Cabina	תא
Castello	טירה
Cinema	קולנוע
Fabbrica	מפעל
Fienile	אסם
Hotel	מלון
Laboratorio	מעבדה
Museo	מוזיאון
Ospedale	בית חולים
Osservatorio	מצפה
Ostello	הוסטל
Scuola	בית ספר
Stadio	אצטדיון
Supermercato	סופרמרקט
Teatro	תיאטרון
Tenda	אוהל
Torre	מגדל
Università	אוניברסיטה

Elettricità
למשח

Attrezzatura	ציוד
Batteria	סוללה
Cavo	כבל
Conservazione	אחסון
Elettricista	חשמלאי
Elettrico	חשמלי
Fili	חוטים
Generatore	מחולל
Lampada	מנורה
Laser	לייזר
Magnete	מגנט
Negativo	שלילי
Oggetti	אובייקטים
Positivo	חיובי
Presa	שקע
Quantità	כמות
Rete	רשת
Telefono	טלפון
Televisione	טלוויזיה

Emozioni
רגשות

Amore	אהבה
Beatitudine	אושר
Calma	רוגע
Contenuto	תוכן
Eccitato	נרגש
Gentilezza	חסד
Gioia	שמחה
Grato	אסיר תודה
Imbarazzato	נבוך
Noia	שעמום
Pace	שלום
Paura	פחד
Rabbia	כעס
Simpatia	אהדה
Soddisfatto	מרוצה
Sorpresa	הפתעה
Tenerezza	רוך
Tranquillità	שלווה
Tristezza	עצב

Energia
אנרגיה

Ambiente	סביבה
Batteria	סוללה
Benzina	בנזין
Calore	חום
Carbonio	פחמן
Carburante	דלק
Diesel	דיזל
Elettrico	חשמלי
Elettrone	אלקטרון
Entropia	אנטרופיה
Fotone	פוטון
Idrogeno	מימן
Industria	תעשייה
Inquinamento	זיהום
Motore	מנוע
Nucleare	גרעיני
Rinnovabile	מתחדש
Turbina	טורבינה
Vapore	קיטור
Vento	רוח

Erboristeria
צמחי מרפא

Aglio	שום
Aneto	שמיר
Aromatico	ארומטי
Basilico	ריחן
Culinario	קולינרי
Dragoncello	טרגון
Finocchio	שומר
Fiore	פרח
Giardino	גן
Ingrediente	מרכיב
Lavanda	לבנדר
Maggiorana	מירון
Menta	מנטה
Origano	אורגנו
Prezzemolo	פטרוזיליה
Qualità	איכות
Rosmarino	רוזמרין
Timo	טימין
Verde	ירוק
Zafferano	זעפרן

Escursionismo
טיולים רגליים

Acqua	מים
Animali	חיות
Campeggio	קמפינג
Clima	אקלים
Guide	מדריכים
Mappa	מפה
Montagna	הר
Natura	טבע
Orientamento	ניווט
Parchi	פארקים
Pericoli	סכנות
Pesante	כבד
Pietre	אבנים
Preparazione	הכנה
Scogliera	צוק
Selvaggio	פראי
Sole	שמש
Stanco	עייף
Stivali	מגפיים
Vertice	פסגה

Etica
אתיקה

Altruismo	אלטרואיזם
Benevolo	נדיב
Compassione	חמלה
Cooperazione	שיתוף פעולה
Dignità	כבוד
Diplomatico	דיפלומטי
Filosofia	פילוסופיה
Gentilezza	חסד
Integrità	יושרה
Onestà	יושר
Ottimismo	אופטימיות
Pazienza	סבלנות
Ragionevole	סביר
Razionalità	רציונליות
Realismo	מעשיות
Saggezza	חוכמה
Tolleranza	סובלנות
Umanità	אנושות
Valori	ערכים

Famiglia
חדר משפחתי

Antenato	אב קדמון
Bambini	ילדים
Bambino	ילד
Cugino	בן דוד
Figlia	בת
Fratello	אח
Infanzia	ילדות
Madre	אימא
Marito	בעל
Materno	אימהי
Moglie	אשה
Nipote	אחיין
Nipote	נכד
Nonna	סבתא
Nonno	סבא
Padre	אבא
Paterno	אבהי
Sorella	אחות
Zia	דודה
Zio	דוד

Fantascienza
מדע בדיוני

Atomico	אטומי
Cinema	קולנוע
Distopia	דיסטופיה
Esplosione	פיצוץ
Estremo	קיצוני
Fantastico	פנטסטי
Fuoco	אש
Futuristico	עתידני
Galassia	גלקסיה
Illusione	אשליה
Immaginario	דמיוני
Libri	ספרים
Misterioso	מסתורי
Mondo	עולם
Oracolo	אורקל
Pianeta	כוכב לכת
Robot	רובוטים
Scenario	תרחיש
Tecnologia	טכנולוגיה
Utopia	אוטופיה

Fattoria #1
משק #1

Acqua	מים
Agricoltura	חקלאות
Ape	דבורה
Asino	חמור
Campo	שדה
Cane	כלב
Capra	עז
Cavallo	סוס
Fertilizzante	דשן
Fieno	חציר
Gatto	חתול
Gregge	צאן
Maiale	חזיר
Miele	דבש
Mucca	פרה
Pollo	עוף
Recinto	גדר
Riso	אורז
Semi	זרעים
Vitello	עגל

Fattoria #2
משק #2

Agnello	טלה
Agricoltore	איכר
Alveare	כוורת
Anatra	ברווז
Animali	חיות
Cibo	מזון
Crescere	לגדול
Fienile	אסם
Frutta	פירות
Grano	חיטה
Irrigazione	השקיה
Lama	לאמה
Latte	חלב
Mais	תירס
Oche	אווזים
Orzo	שעורה
Pecora	כבשים
Prato	אחו
Trattore	טרקטור
Verdura	ירק

Filantropia
פילנתרופיה

Bambini	ילדים
Bisogno	צורך
Carità	צדקה
Comunità	קהילה
Contatti	אנשי קשר
Finanza	מימון
Fondi	כספים
Generosità	נדיבות
Gioventù	נוער
Gruppi	קבוצות
Missione	משימה
Obiettivi	מטרות
Onestà	יושר
Persone	אנשים
Programmi	תוכניות
Pubblico	ציבור
Sfide	אתגרים
Storia	היסטוריה
Umanità	האנושות

Fiori
פרחים

Dente di Leone	שן הארי
Gardenia	גרדניה
Gelsomino	יסמין
Giglio	שושן
Girasole	חמנית
Ibisco	היביסקוס
Lavanda	לבנדר
Lilla	לילך
Magnolia	מגנוליה
Margherita	דייזי
Mazzo	זר
Narciso	נרקיס
Orchidea	סחלב
Papavero	פרג
Passiflora	פסיפלורה
Peonia	אדמונית
Petalo	עלי כותרת
Rosa	ורד
Trifoglio	תלתן
Tulipano	צבעוני

Fisica

הקיזיפ

Accelerazione	הצואת
Atomo	םוטא
Caos	סואכ
Chimico	ימיכ
Densità	תופיפצ
Elettrone	ןורטקלא
Espansione	הבחרה
Formula	החסונ
Frequenza	תורידת
Gas	זג
Magnetismo	תויטנגמ
Meccanica	הקינכמ
Molecola	הלוקלומ
Motore	עונמ
Nucleare	יניערג
Particella	קיקלח
Relatività	תוסחי
Universale	ילסרבינוא
Variabile	הנתשמ
Velocità	תוריהמ

Foresta Pluviale

םשג תורעי

Anfibi	םייח-וד
Botanico	ינטוב
Clima	םילקא
Comunità	הליהק
Diversità	ןוויג
Giungla	לגנו'ג
Indigeno	דילי
Insetti	םיקרח
Mammiferi	םיקנוי
Muschio	בחט
Natura	עבט
Nuvole	םיננע
Preservazione	רומיש
Prezioso	רקי
Restauro	רוזחש
Rifugio	טלקמ
Rispetto	דובכ
Sopravvivenza	תודרשיה
Specie	םינימ
Uccelli	םירופיצ

Forniture Artistiche

תונמא דויצ

Acqua	םימ
Acquerelli	םימ יעבצ
Acrilico	קילירקא
Argilla	סרח
Carbone	םחפ
Carta	ריינ
Cavalletto	רויצ ןכ
Colla	קבד
Colori	םיעבצ
Creatività	תויתריצי
Gomma	קחמ
Idee	תונויער
Inchiostro	ויד
Matite	תונורפע
Olio	ןמש
Pastelli	םילטספ
Sedia	אסיכ
Spazzole	תושרבמ
Tavolo	הלבט
Telecamera	המלצמ

Forza e Gravità

הדיבכה חוכו חוכ

Asse	ריצ
Attrito	ךוכיח
Centro	זכרמ
Dinamico	ימניד
Distanza	קחרמ
Espansione	הבחרה
Fisica	הקיזיפ
Impatto	העפשה
Magnetismo	תויטנגמ
Meccanica	הקינכמ
Movimento	העונת
Orbita	לולסמ
Peso	לקשמ
Pianeti	תכל יבכוכ
Pressione	ץחל
Proprietà	םיסכנ
Scoperta	יוליג
Tempo	ןמז
Universale	ילסרבינוא
Velocità	תוריהמ

Frutta

תוריפ

Albicocca	שמשמ
Ananas	סננא
Arancia	םותכ
Avocado	ודקובא
Bacca	ירב
Banana	הננב
Ciliegia	ןבדבוד
Fico	הנאת
Kiwi	יוויק
Lampone	לטפ
Limone	ןומיל
Mango	וגנמ
Mela	חופת
Melone	ןולמ
Nettarina	הנירטקנ
Papaia	היאפפ
Pera	סגא
Pesca	קסרפא
Prugna	ףיזש
Uva	ןפג

Geografia

היפרגואג

Altitudine	הבוג
Atlante	סלטא
Città	ריע
Continente	תשבי
Emisfero	הרפסימה
Fiume	רהנ
Isola	יא
Latitudine	בחור וק
Longitudine	ךרוא
Mappa	הפמ
Mare	םי
Meridiano	ןאידירמ
Mondo	םלוע
Montagna	רה
Nord	ןופצ
Ovest	ברעמ
Paese	הנידמ
Regione	רוזא
Sud	םורד
Territorio	חטש

Geologia
היגולואיג

Acido	הצמוח
Altopiano	המר
Calcio	ןדיס
Caverna	הרעמ
Continente	תשבי
Corallo	גומלא
Cristalli	םישיבג
Erosione	הקיחש
Fossile	ןבואמ
Geyser	רזייג
Lava	הבל
Minerali	םילרנימ
Pietra	ןבא
Quarzo	ץרווק
Sale	חלמ
Stalattite	ףיטנ
Strato	הבכש
Terremoto	המדא תדיער
Vulcano	שעג רה
Zona	רוזא

Geometria
הירטמואג

Altezza	הבוג
Angolo	תיווז
Calcolo	בושיח
Cerchio	לגעמ
Curva	המוקע
Diametro	רטוק
Dimensione	דממ
Equazione	האוושמ
Logica	הקיגול
Mediano	ןויצח
Numero	רפסמ
Orizzontale	יקפוא
Parallelo	ליבקמ
Proporzione	היצרופורפ
Segmento	עטק
Simmetria	הירטמיס
Superficie	חטשמ
Teoria	הירואית
Triangolo	שלושמ
Verticale	יכנא

Giardinaggio
ןוניג

Acqua	םימ
Botanico	ינטוב
Clima	םילקא
Commestibile	ליכא
Compost	טסופמוק
Contenitore	לכימ
Esotico	יטוזקא
Fiorire	החירפ
Floreale	ינוחרפ
Foglia	הלע
Fogliame	םי ִל ָע
Mazzo	רז
Semi	םיערז
Specie	םינימ
Sporco	רפע
Stagionale	יתנוע
Suolo	המדא
Tubo	רוניצ
Umidità	תוחל

Giardino
ןג

Albero	ץע
Amaca	לסרע
Cespuglio	חוש
Erba	אשד
Erbacce	םיטוש םיבשע
Fiore	חרפ
Garage	ךסומ
Giardino	ןג
Pala	הריפח תא
Panca	לספס
Portico	תספרמה
Rastrello	הפרגמ
Recinto	רדג
Rocce	םיעלס
Stagno	הכירב
Suolo	המדא
Terrazza	הסרט
Trampolino	הנילופמרט
Tubo	רוניצ
Vite	ןפג

Giorni e Mesi
םישדוחו םימי

Agosto	טסוגוא
Anno	הנש
Aprile	לירפא
Calendario	הנש חול
Dicembre	רבמצד
Domenica	ןושאר םוי
Febbraio	ראורבפ
Gennaio	ראוני
Giugno	ינוי
Luglio	ילוי
Lunedì	ינש םוי
Martedì	ישילש םוי
Mercoledì	יעיבר םוי
Mese	שדוח
Novembre	רבמבונ
Ottobre	רבוטקוא
Sabato	תבש םוי
Settembre	רבמטפס
Settimana	עובש
Venerdì	ישיש םוי

Governo
הלשממה

Cittadinanza	תוחרזא
Civile	בידא
Costituzione	הקוח
Democrazia	היטרקומד
Diritti	תויוכז
Discorso	רוביד
Discussione	ןויד
Giudiziario	יטופיש
Giustizia	קדצ
Indipendenza	תואמצע
Legale	יטפשמ
Legge	קוח
Libertà	תוריח
Monumento	הטרדנא
Nazionale	ימואל
Nazione	המוא
Politica	הקיטילופ
Simbolo	למס
Stato	בצמ
Uguaglianza	ןויווש

Guida
הגיהנ

Attenzione	זהיריות
Auto	מכונית
Autobus	אוטובוס
Carburante	דלק
Freni	בלמים
Garage	מוסר
Gas	גז
Incidente	תאונה
Licenza	רישיוו
Mappa	מפה
Moto	אופנוע
Motore	מנוע
Pedonale	הולכי רגל
Pericolo	סכנה
Polizia	משטרה
Sicurezza	בטיחות
Traffico	תנועה
Trasporto	תחבורה
Tunnel	מנהרה
Velocità	מהיריות

I Media
תרושקתה

Atteggiamenti	עמדות
Commerciale	מסחרי
Comunicazione	תקשורת
Digitale	דיגיטלי
Edizione	מהדורה
Educazione	חינוך
Fatti	עובדות
Finanziamento	מימון
Foto	תמונות
Giornali	עיתונים
Industria	תעשייה
Intellettuale	אינטלקטואלי
Locale	מקומי
Online	מקוון
Opinione	דעה
Pubblicità	פרסומות
Pubblico	ציבור
Radio	רדיו
Rete	רשת
Televisione	טלוויזיה

Imbarcazioni
תוריס

Albero	תורן
Ancora	עוגן
Barca a Vela	מפרשית
Boa	מצוף
Canoa	קאנו
Corda	חבל
Equipaggio	צוות
Fiume	נהר
Kayak	קיאק
Lago	אגם
Mare	ים
Marea	גאות
Marinaio	מלח
Motore	מנוע
Nautico	ימי
Oceano	אוקיינוס
Onde	גלים
Traghetto	מעבורת
Yacht	יאכטה
Zattera	רפסודה

Ingegneria
הסדנה

Angolo	זווית
Asse	ציר
Calcolo	חישוב
Costruzione	בניה
Diagramma	תרשים
Diametro	קוטר
Diesel	דיזל
Distribuzione	הפצה
Energia	אנרגיה
Forza	כוח
Ingranaggi	גלגלי שיניים
Liquido	נוזל
Macchina	מכונה
Misurazione	מדידה
Motore	מנוע
Profondità	עומק
Propulsione	הנעה
Rotazione	סיבוב
Stabilità	יציבות
Struttura	מבנה

Insetti
סיקרח

Afide	כנימה
Ape	דבורה
Cavalletta	חגב
Cicala	ציקדה
Coccinella	פרת משה רבנו
Coleottero	חיפושית
Falena	עש
Farfalla	פרפר
Formica	נמלה
Larva	זחל
Libellula	שפירית
Locusta	ארבה
Mantide	גמל שלמה
Pulce	פרעוש
Scarafaggio	מקק
Termite	טרמיט
Verme	תולעת
Vespa	צרעה
Zanzara	יתוש

Jazz
ג ' אז

Album	אלבום
Artista	אמן
Batteria	תופים
Canzone	שיר
Compositore	מלחין
Composizione	הרכב
Concerto	קונצרט
Enfasi	דגש
Famoso	מפורסם
Genere	ז'אנר
Improvvisazione	אלתור
Musica	מוזיקה
Nuovo	חדש
Orchestra	תזמורת
Preferiti	מועדפים
Ritmo	קצב
Stile	סגנון
Talento	כישרון
Tecnica	טכניקה
Vecchio	ישן

Letteratura
ספרות

Analisi	ניתוח
Analogia	אנלוגיה
Aneddoto	אנקדוטה
Autore	מחבר
Biografia	ביוגרפיה
Conclusione	סיכום
Confronto	השוואה
Descrizione	תיאור
Dialogo	דיאלוג
Genere	ז'אנר
Metafora	מטפורה
Opinione	דעה
Poesia	שיר
Poetico	פואטי
Rima	חרוז
Ritmo	קצב
Romanzo	רומן
Stile	סגנון
Tema	ערכת נושא
Tragedia	טרגדיה

Libri
ספרים

Autore	מחבר
Avventura	הרפתקה
Collezione	אוסף
Contesto	הקשר
Dualità	דואליות
Epico	אפי
Inventivo	המצאה
Letterario	ספרותית
Lettore	קורא
Narratore	קריין
Pagina	דף
Poesia	שירה
Rilevante	רלוונטי
Romanzo	רומן
Scritto	נכתב
Serie	סדרה
Storia	סיפור
Storico	היסטורי
Tragico	טרגי
Umoristico	הומוריסטי

Malattia
מחלות

Addominale	בטן
Allergie	אלרגיות
Batterico	חיידקי
Contagioso	מדבק
Corpo	גוף
Cronico	כרוני
Cuore	לב
Debole	חלש
Ereditario	תורשתי
Genetico	גנטי
Immunità	חסינות
Infiammazione	דלקת
Lombare	מותני
Neuropatia	נוירופתיה
Patogeni	פתוגנים
Polmonare	ריאתי
Respiratorio	נשימה
Salute	בריאות
Sindrome	תסמונת
Terapia	טיפול

Mammiferi
יונקים

Balena	לוויתן
Cane	כלב
Canguro	קנגורו
Cavallo	סוס
Cervo	צבי
Coniglio	ארנב
Coyote	זאב ערבות
Delfino	דולפין
Elefante	פיל
Gatto	חתול
Giraffa	ג'ירפה
Gorilla	גורילה
Leone	אריה
Lupo	זאב
Orso	דוב
Pecora	כבשים
Scimmia	קוף
Toro	שור
Volpe	שועל
Zebra	זברה

Matematica
מתמטיקה

Angoli	זוויות
Aritmetica	חשבון
Decimale	עשרוני
Diametro	קוטר
Equazione	משוואה
Esponente	מעריך
Frazione	שבר
Geometria	גאומטריה
Gradi	מעלות
Numeri	מספרים
Parallelo	מקביל
Parallelogramma	מקבילית
Perimetro	היקף
Poligono	מצולע
Quadrato	כיכר
Rettangolo	מלבן
Simmetria	סימטריה
Somma	סכום
Triangolo	משולש
Volume	נפח

Meditazione
מדיטציה

Abitudini	הרגלים
Accettazione	קבלה
Calma	רוגע
Chiarezza	בהירות
Compassione	חמלה
Emozioni	רגשות
Felicità	אושר
Gentilezza	חסד
Gratitudine	הכרת תודה
Mentale	נפש
Mente	מוח
Movimento	תנועה
Musica	מוזיקה
Natura	טבע
Pace	שלום
Pensieri	מחשבות
Postura	יציבה
Prospettiva	פרספקטיבה
Silenzio	שתיקה
Sveglio	ער

Meteo

ריווא גזמ

Arcobaleno	תשק
Asciutto	שבי
Atmosfera	הריווא
Brezza	חור
Cielo	עיקר
Clima	םילקא
Fulmine	קרב
Ghiaccio	חרק
Monsone	ןוסנומ
Nebbia	לפרע
Nube	ןנע
Polare	בטוקה
Siccità	תרוצב
Temperatura	הרוטרפמט
Tempesta	הרעס
Tornado	ודנרוט
Tropicale	יפורט
Tuono	םער
Uragano	ןקירוה
Vento	חור

Misurazioni

תודידמ

Altezza	הבוג
Byte	תיב
Centimetro	רטמיטנס
Chilogrammo	םרגוליק
Chilometro	רטמוליק
Decimale	ינורשע
Grado	ראות
Grammo	םרג
Larghezza	בחור
Litro	רטיל
Lunghezza	ךרוא
Massa	הסמ
Metro	רטמ
Minuto	הקד
Oncia	תייקנוא
Peso	לקשמ
Pollice	ץניא
Profondità	קמוע
Tonnellata	ןוט
Volume	חפנ

Mitologia

היגולותימ

Archetipo	סופיטבא
Comportamento	תוגהנתה
Creatura	רוצי
Creazione	הריצי
Cultura	תוברת
Disastro	ןוסא
Divinità	םילא
Eroe	רוביג
Forza	חוכ
Fulmine	קרב
Gelosia	האנק
Guerriero	םחול
Immortalità	חצנ
Labirinto	ךובמ
Leggenda	הדגא
Magico	םוסק
Mortale	התומת ןב
Mostro	תצלפמ
Tuono	םער
Vendetta	המקנ

Moda

הנפוא

Boutique	קיטוב
Caro	רקי
Confortevole	חון
Elegante	יטנגלא
Minimalista	יטסילמינימ
Misure	תודימ
Modello	תינבת
Moderno	ינרדומ
Modesto	עונצ
Originale	ירוקמ
Pizzo	הרחת
Pratico	ישעמ
Pulsanti	םינצחל
Ricamo	המקר
Semplice	טושפ
Sofisticato	םכחותמ
Stile	ןונגס
Tendenza	המגמ
Tessuto	דב
Trama	םקרמ

Musica

הקיסומ

Album	םובלא
Armonia	הינומרה
Armonico	ינומרה
Ballata	הדלב
Cantante	רמז
Cantare	רש
Classico	יסאלק
Coro	הלהקמ
Lirico	יריל
Melodia	הניגנמ
Microfono	ןופורקימ
Musicale	רמזחמ
Musicista	יאקיזומ
Opera	הרפוא
Poetico	יטאופ
Registrazione	הטלקה
Ritmico	יבצק
Ritmo	בצק
Strumento	ילכ
Vocale	ילוק

Natura

עבט

Animali	תויח
Api	םירובד
Artico	יטקרא
Bellezza	יפוי
Deserto	רבדמ
Dinamico	ימניד
Erosione	הקיחש
Fiume	רהנ
Fogliame	םילע
Foresta	רעי
Ghiacciaio	ןוחרק
Montagne	םירה
Nebbia	לפרע
Nuvole	םיננע
Santuario	טלקמ
Scogliere	םיקוצ
Selvaggio	יארפ
Sereno	הוולש
Tropicale	יפורט
Vitale	ינויח

Numeri
מספרים

Cinque	חמש
Decimale	עשרוני
Diciannove	תשע עשרה
Diciassette	שבע עשרה
Diciotto	שמונה עשר
Dieci	עשר
Dodici	שנים עשר
Due	שתיים
Nove	תשע
Otto	שמונה
Quattordici	ארבע עשרה
Quattro	ארבע
Quindici	חמש עשרה
Sedici	שש עשרה
Sei	שש
Sette	שבע
Tre	שלוש
Tredici	שלוש עשרה
Venti	עשרים
Zero	אפס

Nutrizione
תזונה

Amaro	מריר
Appetito	תיאבון
Bilanciato	מאוזן
Calorie	קלוריות
Carboidrati	פחמימות
Commestibile	אכיל
Dieta	דיאטה
Digestione	עיכול
Fermentazione	תסיסה
Liquidi	נוזלים
Nutriente	מזין
Peso	משקל
Proteine	חלבונים
Qualità	איכות
Salsa	רוטב
Salute	בריאות
Sano	בריא
Spezie	תבלינים
Tossina	רעל
Vitamina	ויטמין

Oceano
אוקיינוס

Anguilla	צלופח
Balena	לוויתן
Barca	סירה
Corallo	אלמוג
Delfino	דולפין
Gamberetto	שרימפס
Granchio	סרטן
Maree	גאות ושפל
Medusa	מדוזה
Onde	גלים
Ostrica	צדפה
Pesce	דג
Polpo	תמנון
Sale	מלח
Scogliera	שונית
Spugna	ספוג
Squalo	כריש
Tartaruga	צב
Tempesta	סערה
Tonno	טונה

Paesaggi
נופים

Cascata	מפל
Collina	גבעה
Deserto	מדבר
Dune	דיונות
Fiume	נהר
Geyser	גייזר
Ghiacciaio	קרחון
Grotta	מערה
Isola	אי
Lago	אגם
Mare	ים
Montagna	הר
Oasi	אואזיס
Oceano	אוקיינוס
Palude	ביצה
Penisola	חצי אי
Spiaggia	חוף
Tundra	טונדרה
Valle	עמק
Vulcano	הר געש

Paesi #1
מדינות 1#

Brasile	ברזיל
Cambogia	קמבודיה
Canada	קנדה
Egitto	מצרים
Finlandia	פינלנד
Germania	גרמניה
India	הודו
Iraq	עיראק
Israele	ישראל
Libia	לוב
Mali	מאלי
Marocco	מרוקו
Norvegia	נורווגיה
Panama	פנמה
Polonia	פולין
Romania	רומניה
Senegal	סנגל
Spagna	ספרד
Venezuela	ונצואלה
Vietnam	וייטנאם

Paesi #2
מדינות 2#

Albania	אלבניה
Danimarca	דנמרק
Etiopia	אתיופיה
Giamaica	ג'מייקה
Giappone	יפן
Grecia	יוון
Haiti	האיטי
Indonesia	אינדונזיה
Irlanda	אירלנד
Laos	לאוס
Liberia	ליבריה
Messico	מקסיקו
Nepal	נפאל
Nigeria	ניגריה
Pakistan	פקיסטן
Russia	רוסיה
Siria	סוריה
Sudan	סודן
Ucraina	אוקראינה
Uganda	אוגנדה

Piante

צמחים

Albero	עץ
Bacca	ברי
Bambù	במבוק
Botanica	בוטניקה
Cactus	קקטוס
Cespuglio	בוש
Crescere	לגדול
Edera	קיסוס
Erba	דשא
Fagiolo	שעועית
Fertilizzante	דשן
Fiore	פרח
Foglia	עלה
Fogliame	עָלִים
Foresta	יער
Giardino	גן
Muschio	טחב
Petalo	עלי כותרת
Radice	שורש
Vegetazione	צמחייה

Professioni #1

מקצועות #1

Allenatore	מאמן
Ambasciatore	שגריר
Artista	אמן
Astronomo	אסטרונום
Avvocato	עורך דין
Ballerino	רקדן
Banchiere	בנקאי
Cacciatore	צייד
Cartografo	קרטוגרף
Editore	עורך
Farmacista	רוקח
Geologo	גיאולוג
Gioielliere	תכשיטן
Idraulico	שרברב
Infermiera	אחות
Musicista	מוזיקאי
Pianista	פסנתרן
Psicologo	פסיכולוג
Scienziato	מדען
Veterinario	וטרינר

Professioni #2

מקצועות #2

Astronauta	אסטרונאוט
Bibliotecario	ספרנית
Biologo	ביולוג
Chirurgo	מנתח
Dentista	רופא שיניים
Detective	בלש
Filosofo	פילוסוף
Fotografo	צלם
Giardiniere	גנן
Giornalista	עיתונאי
Illustratore	מאייר
Ingegnere	מהנדס
Insegnante	מורה
Inventore	ממציא
Linguista	בלשן
Medico	רופא
Pilota	טייס
Pittore	צייר
Ricercatore	חוקר
Zoologo	זואולוג

Psicologia

פסיכולוגיה

Clinico	קליני
Cognizione	קוגניציה
Comportamento	התנהגות
Conflitto	התנגשות
Ego	אגו
Emozioni	רגשות
Esperienze	חוויות
Idee	רעיונות
Inconscio	לא מודע
Infanzia	ילדות
Influenze	השפעות
Pensieri	מחשבות
Percezione	תפיסה
Personalità	אישיות
Problema	בעיה
Realtà	מציאות
Sensazione	תחושה
Sogni	חלומות
Terapia	טיפול
Valutazione	הערכה

Riscaldamento Globale

התחממות כדור הארץ

Ambientale	סביבתי
Artico	ארקטי
Clima	אקלים
Conseguenze	השלכות
Crisi	משבר
Dati	נתונים
Energia	אנרגיה
Futuro	עתיד
Gas	גז
Generazioni	דורות
Governo	ממשלה
Habitat	בית גידול
Industria	תעשייה
Internazionale	בינלאומי
Legislazione	חקיקה
Ora	עכשיו
Popolazioni	אוכלוסיות
Scienziato	מדען
Sviluppo	פיתוח
Temperature	טמפרטורות

Ristorante #1

מסעדה #1

Allergia	אלרגיה
Caffè	קפה
Cameriera	מלצרית
Carne	בשר
Cassiere	קופאית
Cibo	מזון
Ciotola	קערה
Coltello	סכין
Cucina	מטבח
Dessert	קינוח
Ingredienti	מרכיבים
Mangiare	לאכול
Menù	תפריט
Pane	לחם
Piatto	צלחת
Piccante	חריף
Pollo	עוף
Prenotazione	הזמנה
Salsa	רוטב
Tovagliolo	מפית

Ristorante #2
מסעדה #2

Acqua	מים
Aperitivo	מתאבן
Cameriere	מלצר
Cena	ארוחת ערב
Cucchiaio	כף
Delizioso	טעים
Forchetta	מזלג
Frutta	פירות
Ghiaccio	קרח
Insalata	סלט
Minestra	מרק
Pesce	דג
Pranzo	ארוחת צהריים
Sale	מלח
Sedia	כיסא
Spezie	תבלינים
Torta	עוגה
Uova	ביצים
Verdure	ירקות

Salute e Benessere #1
בריאות ובריאות #1

Abitudine	הרגל
Altezza	גובה
Attivo	פעיל
Batteri	חיידקים
Clinica	מרפאה
Fame	רעב
Farmacia	בית מרקחת
Frattura	שבר
Medicina	רפואה
Medico	דוקטור
Muscoli	שרירים
Nervi	עצבים
Ormoni	הורמונים
Ossa	עצמות
Pelle	עור
Postura	יציבה
Riflesso	רפלקס
Rilassamento	הרפיה
Trattamento	טיפול
Virus	נגיף

Salute e Benessere #2
בריאות ובריאות #2

Allergia	אלרגיה
Anatomia	אנטומיה
Appetito	תיאבון
Caloria	קלוריה
Corpo	גוף
Dieta	דיאטה
Digestione	עיכול
Disidratazione	התייבשות
Energia	אנרגיה
Genetica	גנטיקה
Igiene	היגיינה
Infezione	זיהום
Malattia	חולי
Massaggio	עיסוי
Nutrizione	תזונה
Ospedale	בית חולים
Peso	משקל
Sangue	דם
Sano	בריא
Vitamina	ויטמין

Scacchi
שחמט

Avversario	יריב
Bianco	לבן
Campione	אלוף
Concorso	תחרות
Diagonale	אלכסון
Giocatore	שחקן
Gioco	משחק
Nero	שחור
Passivo	פסיבי
Per Imparare	ללמוד
Punti	נקודות
Re	מלך
Regina	מלכה
Regole	כללים
Sacrificio	הקרבה
Sfide	אתגרים
Strategia	אסטרטגיה
Tempo	זמן
Torneo	טורניר

Scienza
מדע

Atomo	אטום
Chimico	כימי
Clima	אקלים
Dati	נתונים
Esperimento	ניסוי
Evoluzione	אבולוציה
Fatto	עובדה
Fisica	פיזיקה
Fossile	מאובן
Ipotesi	הנחה
Laboratorio	מעבדה
Metodo	שיטה
Minerali	מינרלים
Molecole	מולקולות
Natura	טבע
Organismo	אורגניזם
Particelle	חלקיקים
Piante	צמחים
Scienziato	מדען

Spezie
תבלינים

Aglio	שום
Amaro	מריר
Anice	אניס
Cannella	קינמון
Cardamomo	הל
Cipolla	בצל
Coriandolo	כוסברה
Cumino	כמון
Curcuma	כורכום
Curry	קארי
Dolce	מתוק
Finocchio	שמרה
Liquirizia	שוש
Noce Moscata	מוסקט
Paprika	פפריקה
Pepe	פלפל
Sale	מלח
Vaniglia	וניל
Zafferano	זעפרן
Zenzero	ג'ינג'ר

Sport
טרופס

Allenatore	ןמאמ
Atleta	יאטרופס
Capacità	תלוכי
Cardiovascolare	םד ילכו בל
Corpo	ףוג
Danza	דוקיר
Dieta	הטאיד
Forza	חוכ
Jogging	הציר
Massimizzare	םסקמל
Metabolico	ילובטמ
Muscoli	םירירש
Nuotare	תוחשל
Nutrizione	הנוזת
Obiettivo	הרטמ
Ossa	תומצע
Programma	תינכת
Resistenza	תלוביס
Salute	תואירב
Sportivo	טרופס

Strumenti Musicali
הניגנ ילכ

Armonica	תיחופמ
Arpa	לבנ
Bacchette	ףופית תולקמ
Banjo	ו'גנב
Chitarra	הרטיג
Clarinetto	טנירלק
Fagotto	ןוסב
Flauto	לילח
Gong	גנוג
Mandolino	הנילודנמ
Marimba	הבמירמ
Oboe	בובא
Pianoforte	רתנספ
Sassofono	ןופוסקס
Tamburello	םירמ ףות
Tamburo	ףות
Tromba	הרצוצח
Trombone	ןובמורט
Violino	רוניכ
Violoncello	ול'צ

Tempo
ןמז

Anno	הנש
Annuale	יתנש
Calendario	הנש חול
Decennio	רושע
Dopo	רחאל
Futuro	דיתע
Giorno	םוי
Ieri	לומתא
Mattina	רקוב
Mese	שדוח
Mezzogiorno	םיירהצ
Minuto	הקד
Notte	הליל
Oggi	םויה
Ora	העש
Orologio	ןועש
Presto	בורקב
Prima	ינפל
Secolo	האמ
Settimana	עובש

Tipi di Capelli
רעיש יגוס

Argento	ףסכ
Asciutto	שבי
Bianco	ןבל
Biondo	ינידנולב
Breve	רצק
Calvo	חריק
Colorato	ינועבצ
Grigio	רופא
Intrecciato	עולק
Liscio	קלח
Lungo	ךורא
Marrone	םוח
Morbido	ךר
Nero	רוחש
Riccio	לתלותמ
Riccioli	םילתלת
Sano	איرב
Sottile	הזר
Spessore	הבע
Trecce	תומצ

Uccelli
םירופיצ

Airone	הפנא
Anatra	זוורב
Aquila	רשנ
Cicogna	הדיסח
Cigno	רוברב
Cuculo	הייקוק
Falco	ץנ
Fenicottero	וגנימלפ
Gabbiano	ףחש
Oca	זווא
Pappagallo	יכות
Passero	רורד
Pavone	סווט
Pellicano	יאנקש
Piccione	הנוי
Pinguino	ןיווגניפ
Pollo	ףוע
Struzzo	ןעי
Tucano	ןאקוט
Uovo	הציב

Universo
םוקי

Asteroide	דיאורטסא
Astronomia	הימונורטסא
Astronomo	םונורטסא
Atmosfera	הריווא
Buio	ךשוח
Celeste	ימימש
Cielo	עיקר
Cosmico	ימסוק
Emisfero	הרפסימה
Galassia	היסקלג
Latitudine	בחור וק
Longitudine	ךרוא
Luna	חרי
Orbita	לולסמ
Orizzonte	קפוא
Solare	שמש
Solstizio	ךופיה
Telescopio	פוקסלט
Visibile	יולג
Zodiaco	תולזמה לגלג

Vacanze #2

שפונ #2

Aeroporto	הפועת הדש
Campeggio	גניפמק
Destinazione	דעי
Foto	תונומת
Hotel	ןולמ
Isola	יא
Mappa	הפמ
Mare	םי
Passaporto	ןוכרד
Ristorante	הדעסמ
Spiaggia	ףוח
Straniero	רז
Taxi	תינומ
Tempo Libero	יאנפ
Tenda	להוא
Trasporto	הרובחת
Treno	תבכר
Vacanza	גח
Viaggio	עסמ
Visto	הזיו

Veicoli

בכר ילכ

Aereo	סוטמ
Ambulanza	סנלובמא
Auto	תינוכמ
Autobus	סובוטוא
Barca	הריס
Bicicletta	םיינפוא
Camion	תיאשמ
Caravan	ןאוורק
Elicottero	קוסמ
Metropolitana	תיתחת תבכר
Motore	עונמ
Pneumatici	םיגימצ
Razzo	הטקר
Scooter	עונטק
Sottomarino	תללוצ
Taxi	תינומ
Traghetto	תרובעמ
Trattore	רוטקרט
Treno	תבכר
Zattera	הדוספר

Verdure

תוקרי

Aglio	םוש
Broccolo	ילוקורב
Carciofo	קושיטרא
Carota	רזג
Cetriolo	ןופפלמ
Cipolla	לצב
Fungo	הייריטפ
Insalata	טלס
Melanzana	ליצח
Patata	המדא חופת
Pisello	הנופא
Pomodoro	היינבגע
Prezzemolo	היליזורטפ
Rapa	תפל
Ravanello	ןונצ
Scalogno	תולאש
Sedano	ירלס
Spinaci	דרת
Zenzero	ר'גני'ג
Zucca	תעלד

Vestiti

םידגב

Abito	הלמש
Braccialetto	דימצ
Calzini	םייברג
Camicia	הצלוח
Cappello	עבוכ
Cappotto	ליעמ
Cintura	הרוגח
Collana	תרשרש
Gonna	תיאצח
Grembiule	רניס
Guanti	תופפכ
Jeans	סני'ג
Maglione	רדווס
Moda	הנפוא
Pantaloni	םייסנכמ
Pantofole	תיב ילענ
Pigiama	המ'גיפ
Sandali	םילדנס
Scarpa	לענ
Sciarpa	ףיעצ

Congratulazioni

Ce l'hai fatta!

Speriamo che questo libro vi sia piaciuto tanto quanto a noi è piaciuto concepirlo. Ci sforziamo di creare libri della più alta qualità possibile.
Questa edizione è progettata per fornire un apprendimento intelligente, di qualità e divertente!

Le è piaciuto questo libro?

Una Semplice Richiesta

Questi libri esistono grazie alle recensioni che pubblicate.

Puoi aiutarci lasciando una recensione
ora a questo link ?

BestBooksActivity.com/Recensioni50

SFIDA FINALE!

Sfida n°1

Sei pronto per il tuo gioco gratuito? Li usiamo sempre, ma non sono così facili da trovare - ecco i **Sinonimi!**
Scrivi 5 parole che hai trovato nei puzzle (n° 21, n° 36, n° 76) e prova a trovare 2 sinonimi per ogni parola.

Scrivi 5 parole del **Puzzle 21**

Parole	Sinonimo 1	Sinonimo 2

Scrivi 5 parole del **Puzzle 36**

Parole	Sinonimo 1	Sinonimo 2

Scrivi 5 parole del **Puzzle 76**

Parole	Sinonimo 1	Sinonimo 2

Sfida n°2

Ora che ti sei riscaldato, scrivi 5 parole che hai trovato nei puzzle n° 9, n° 17 e n° 25 e cerca di trovare 2 contrari per ogni parola. Quanti ne puoi trovare in 20 minuti?

Scrivi 5 parole del **Puzzle 9**

Parole	Antonimo 1	Antonimo 2

Scrivi 5 parole del **Puzzle 17**

Parole	Antonimo 1	Antonimo 2

Scrivi 5 parole del **Puzzle 25**

Parole	Antonimo 1	Antonimo 2

Sfida n°3

Grande! Questa sfida non è niente per te!

Pronto per la sfida finale? Scegli 10 parole che hai scoperto nei diversi puzzle e scrivile qui sotto.

1.	6.
2.	7.
3.	8.
4.	9.
5.	10.

Ora scrivi un testo pensando a una persona, un animale o un luogo che ti piace.

Puoi usare l'ultima pagina di questo libro come bozza.

La tua composizione:

TACCUINO:

A PRESTO!

Tutta la Squadra

BESTACTIVITYBOOKS.COM/FREEGAMES